回来

新中国成立前后的归国科学家们

《学习时报》编辑部 编

中央党校出版集团 大有书局

图书在版编目（CIP）数据

回来：新中国成立前后的归国科学家们 /《学习时报》编辑部编．—北京：大有书局，2023.3（2025.5重印）
ISBN 978-7-80772-099-7

Ⅰ.①回… Ⅱ.①学… Ⅲ.①科学家-生平事迹-中国-现代 Ⅳ.①K826.1

中国国家版本馆CIP数据核字（2023）第006754号

书　　名　回来：新中国成立前后的归国科学家们
作　　者　《学习时报》编辑部　编

责任编辑　李瑞琪　李江燕
责任校对　李盛博
责任印制　袁浩宇
出版发行　大有书局
　　　　　（北京市海淀区长春桥路6号　100089）
综 合 办　（010）68929273
发 行 部　（010）68922366
经　　销　新华书店
印　　刷　北京盛通印刷股份有限公司
版　　次　2023年3月北京第1版
印　　次　2025年5月北京第4次印刷
开　　本　170毫米×240毫米　1/16
印　　张　17.5
字　　数　224千字
定　　价　66.00元

本书编委会

主　　编：许宝健

副主编：何忠国　张丹丹

编委会：许宝健　何忠国　蒲　实
周文标　郭　哲　张丹丹
石　磊

前言

回来——他们从此有了一个共同的名字：归国科学家。

新中国成立前后，一大批留学海外的科学家克服重重困难，义无反顾地回到祖国怀抱，全身心投入新中国建设，以自己的青春、汗水甚至生命成就了以“两弹一星”为标志的一大批重大科技成果，培育了影响深远的科学家精神。无论是在夜灯长明的实验室，还是在荒无人烟的沙滩戈壁，他们留给我们的常常是神秘而又模糊的身影，但他们以一个特殊群体的力量书写了新中国科技发展史上最精彩的篇章。

当我们以崇敬的心情去真正认识他们的时候，仿佛在翻阅一部厚重的大书，轻轻抖落书页上的时间之尘，跳入眼帘的是一个个高大的身影、一幅幅鲜活的面孔、一帧帧赤热的胸怀。我们回不到他们的时代，但我们以文字感受和感动着他们的情怀。从2021年4月开始，《学习时报》开设专栏“归国科学家”，收入本书的都是这个专栏刊发的文章。归国科学家们早已回到祖国，《学习时报》关于“回来”的述说还在继续……

《学习时报》编辑部

2023年3月

讲好归国科学家故事 弘扬新时代科学家精神*

百年征程波澜壮阔，百年初心历久弥坚。在中华民族伟大复兴的征程上，一代又一代科学家不畏艰难、无私奉献，为科学技术进步、人民生活改善、中华民族发展作出重大贡献，谱写了一曲从科技救国、立国到科技兴国、强国的壮美时代之歌。

在他们当中，有那么一群人，在战争年代目睹祖国山河破碎、人民涂炭，怀着科学救国的理想抱负远渡重洋，学习西方先进科学技术。在新中国成立前后，他们响应党的感召和祖国的呼唤，放弃了优越的生活条件，冲破重重阻挠，义无反顾回到祖国怀抱，用一腔热血“干惊天动地事、做隐姓埋名人”。23位“两弹一星”元勋中，21人有海外留学或工作经历。这些归国科学家为新中国的建设和发展立下汗马功劳，创造了彪炳史册的辉煌成就，是党和人民的宝贵财富。

作为党领导下的人民团体，中国科协认真履行党和政府联系服务科技工作者的桥梁和纽带职责，自2010年起，联合中组部等11部委开展老科学家学术成长资料采集工程，为我国科技界抢救、梳理、保

* 本文刊发于2022年5月11日《学习时报》科技前沿版。

留珍贵的历史资料。目前已开展600余位老科学家学术成长资料采集工作，其中，20世纪50年代归国科学家有100余位，包括钱学森、邓稼先、郭永怀、师昌绪等众多熠熠生辉、耳熟能详的名字。一年多来，在《学习时报》“归国科学家”栏目的努力下，这些珍贵的史料转化为一个个动人故事和经典瞬间，描绘出一幅归国科学家的生动群像。他们与党同心同德、为祖国无私奉献的光辉事迹，进一步彰显了科技界的思想认同、情感认同、价值认同。他们心有大我、至诚报国、以身许国的精神境界，激励着广大科技工作者新时代的使命担当。

当今世界百年未有之大变局加速演进，国际环境错综复杂，一些西方国家在科技创新领域对我国进行封锁打压。在这一关键历史阶段，习近平总书记以深邃的历史眼光和强烈的时代担当，战略谋划和系统部署科技改革发展，号召和动员全党倾力支持科技创新、倾心关注人才发展，为我国在新的历史起点上建设世界科技强国提供了清晰航标、擘画了战略路径。过去几百年间，我国曾数次落后于世界科技革命的脚步，也一度被孤立于全球创新体系之外，历史上唯有这一次科技革命，是我国真正意义上完整参与并可望在一些领域发挥重要作用的革命，中华民族复兴伟业呼唤广大科技工作者敢为人先、敢于超越，不断向科学技术广度和深度进军。

当年，归国科学家面对新中国的“一穷二白”，坚持独立自主、自力更生，铸就了以“两弹一星”为代表的一座座科技丰碑，其心得和经验是我国科技事业长期奋斗历史经验的浓缩和剪影，其背后蕴含的科技战略取向、攻关策略和方式方法、人才和资源集聚的条件与路径、精神底蕴等方方面面，对于今天建设世界科技强国、实现高水平科技自立自强，仍然具有重要的理论指导意义和现实借鉴意义。总结凝练归国科学家群体的宝贵经验，不断深化对创新发展规律、科研管理规律和人才成长规律的认识，为健全新型举国体制、强化国家战略科技力量、打好关键核心技术攻坚战、实现高水平科技自立自强提供智慧启迪和经验启示，十分值得尝试和探索，中国科协将为此不懈努力。

一是润物无声强化思想政治引领，筑牢党在科技界的执政基础。高举爱国主义、社会主义旗帜，牢牢把握大团结大联合主题，坚守初心使命，绘好众心向党同心圆。厚植家国情怀，引导广大科技工作者继承老一辈科学家爱国奉献、淡泊名利的优良品质，传承精神火炬，把人生理想融入国家使命。

二是大力传承弘扬科学家精神，为新时代科技界立根铸魂。深入研究科学家精神作为中国共产党人精神谱系重要组成部分的深刻内涵，把习近平总书记关于科技创新的重要论述持续转化为科技界爱国创新的理想信念、求实奉献的价值使命、协同育人的实践品格。加强科研诚信建设，树立典范楷模，让默默耕耘、潜心求索的科技工作者获得应有的荣誉与认可，进一步在全社会营造尊重劳动、尊重知识、尊重人才、尊重创造的社会氛围。

三是深度参与全球科技治理，助力形成对海外人才的“虹吸效应”。充分发挥科协组织民间科技人文交流的独特优势，更紧密连接世界各国科技人才与科技组织，服务我国科学家在国际交流中当好“科技使者”，加大支持优秀青年学者交流力度，积极吸纳外籍科学家在我国科技学术组织任职，吸引越来越多的留学人员选择回国创新创业。

长期以来，中国科协的工作得到了中共中央党校（国家行政学院）和《学习时报》的大力支持与帮助。下一步，中国科协愿与中共中央党校（国家行政学院）在共享、开发采集工程成果，弘扬科学家精神，解读宣传中国共产党人精神谱系的科技元素，强化对科技领军人才思想政治引领等方面，不断加强工作协同，形成工作合力，切实将党中央的关心关怀、厚爱期待传达给广大科技工作者。

百年科学砥砺奋进，百年精神赓续永存。在开启第二个百年奋斗目标新征程之际，我国的创新事业正逢大有可为的历史机遇，也处于爬坡过坎的关键时期。广大科技工作者要汲取老一辈科学家的精神伟力，肩负起时代赋予的重任，树立创新自信，奋进新的长征，为实现高水平科技自立自强、实现中华民族伟大复兴的中国梦不断作出新的更大的贡献。

徐延豪

中国科学技术协会党组副书记

目录

1940年

林巧稚：怀着非凡的爱去做平凡的事

人物简介

林巧稚（1901年12月23日—1983年4月22日），福建厦门人，北京协和医院第一位中国籍妇产科主任，中国科学院第一位女学部委员（院士），中国现代妇产科学的主要开拓者、奠基人之一。1929年获医学博士学位，并获应届毕业生“文海奖学金”，之后任职于北京协和医院妇产科。1932年，林巧稚赴英国曼彻斯特医学院和伦敦大学医学院进修。1939年，赴美国芝加哥大学医学院进行妇产科学研究。1940年，林巧稚被美国聘为自然科学荣誉学会会员，同年回国。2009年，被评为“100位新中国成立以来感动中国人物”之一。2019年，被评选为“最美奋斗者”。

在风景秀丽的鼓浪屿，坐落着一处安静的园林，名为毓园，是为纪念卓越的人民医学家、著名的妇产科医生林巧稚而建。林巧稚一生

亲手接生了5万多名婴儿，每名她负责接生的婴儿身上都挂有一个她亲手写着“Lin QiaoZhi’s Baby”的牌子。每次都会因为新生命的到来而欣喜的她却终身没有婚育，将自己的一生都完完全全地奉献给了我国的妇婴事业。曾接受林巧稚医治并与其结下深厚友谊的邓颖超亲手在毓园种下南洋杉，以此寓意林巧稚秀逸高洁的品格。

不为良相，便为良医

1901年12月，林巧稚出生于厦门鼓浪屿，父亲林良英早年留学海外，在其影响下，林巧稚从小就在新式学堂读书，习得了一口流利的英语。1919年，林巧稚以优异成绩从厦门女子师范学院毕业并留校从事教学工作。1921年，林巧稚考入北京协和医科大学，并于1929年取得博士学位。毕业后，林巧稚选择留在协和医院较为冷门的妇产科，自此与我国妇婴事业紧紧连接在一起。

工作中的林巧稚，是忘我的、完全投入的，这背后有着多方面原因。她的母亲在她5岁时因宫颈癌不幸去世，成为她一生的遗憾，她从小就立志做一名医生。她深深铭记着父亲对她的教诲：“不为良相，便为良医。”旧中国落后的医疗水平和男尊女卑的封建思想，加深了中国女性的苦难，也激发了林巧稚的济世情怀。妇产科的医生，常常要面对一些突发状况，处理时不仅需要扎实的专业知识，也需要随机应变的勇气和胆识。林巧稚主持的第一例手术，就是在十分紧急的状况下完成的。时值深夜，一名孕妇突发腹部剧痛，被送至产科病房。正在值班的林巧稚迅速作出诊断，立刻组织手术。此时的她，满脑子想的都是病人的状况和手术的步骤以及可能引发的并发症，却唯独没有想过万一手术失败自己将承担的责任。最终，病人脱离了危险，林巧稚主刀的第一例手术完满成功。在以后的岁月里，林巧稚从未失去这样的决断与勇气，每到紧急时刻，她都仍像第一次手术时那样，为了病人挺身担当。

通常，医学科学分为临床医学和基础医学两个领域，二者相辅相成，林巧稚的工作也是从这两个方向展开的。1932年，林巧稚被派往英国进修。在英期间的林巧稚潜心学习，在实验室进行了“小儿宫内呼吸”的研究。在英进修结束后，林巧稚按计划赴维也纳综合医院考察。这时，协和医学院询问林巧稚是否考虑转向公共卫生领域，被她果断拒绝。在她看来，在妇产科行医是她终生的使命，她从未因为担子过重而想要放弃，妇产科需要她，被病痛折磨的同胞妇女们更需要她，想到这些，林巧稚这位自称“一辈子的值班医生”更是加倍努力学习和工作。

我是个医生，是个中国大夫

1939年，协和医院派林巧稚赴美国学习，在芝加哥大学医学院妇产科，她继续着胎儿生理领域的研究。在美期间，林巧稚成为美国自然科学荣誉学会会员，获得该学会颁发的证书和金钥匙。同时期的中国，正深陷战争带来的苦难之中。当时美国向林巧稚提供了更加先进的科研条件和更加优厚的待遇，然而面对美方的挽留，林巧稚却断然拒绝，她表示：我来这里进修的理想和目的，就是回去能办好妇产科，能更好地为我们中国的妇女和孩子们治病……战争征服不了中国！

1940年，林巧稚回国。1941年，太平洋战争爆发，协和医院被迫关闭。林巧稚并未放下医生的职责，她在胡同里开办妇科诊所，继续为战乱中的中国妇女服务。怀着医者的仁心，林巧稚将诊疗费用降至平均水平以下，对待穷苦的病人，她不仅免去诊疗费，还出钱对病人施以援助。她开办的诊所在战乱中坚持了6年，共留下8887份病历档案。

林巧稚十分善良，但她的善良是有韧性的，这让她在广施善行的同时，亦有着自己的立场与坚持。1948年，协和医院复院，林巧稚回到协和医院，主导重建了经过战争洗劫只剩下几张病床的妇产科。新中国成立前夕，面对复杂的时局，她果断拒绝了家人向她提出的前往美国的建议，并表示：我是中国大夫，科学家不能没有祖国。我和我的事业将与祖国共存！

1949年10月1日，新中国成立了，赋予每位公民以平等的生命健康权，这一点亦如此鲜明地体现在妇女群体上。林巧稚欣慰地看到，越来越多的平民女性可以走进医院寻求医疗帮助，这激励着林巧稚以更加积极的姿态投入新中国的妇产科建设中。

林巧稚出色的工作成果得到了社会各界的肯定，同时她也被赋予了更多职责，但是她始终不忘的，是自己身为医生治病救人的使命，她做任何事仍旧从维护妇婴健康的立场出发。1958年，她组织医护力量，对北京近8万名适龄妇女进行了妇科普查。她带领自己的团队走门串户逐人检查，收集了大量一手资料，使宫颈癌的死亡率大大降低。林巧稚领导的妇科普查工作在全国起到了模范带头作用，很快，上海、广州等地也积极响应，开始了妇科普查工作。

林巧稚不仅在临床和科研领域深耕，还有着优秀的教学能力和组织能力，为我国培养了众多妇产科人才，组建起专业的医疗团队。1962年，林巧稚接收了一个特殊病例，该孕妇已有三个孩子死于新生儿溶血病，这种病当时在国内尚无治愈的先例。面对这样棘手的状况，林巧稚和她的团队一边安抚孕妇，一边谨慎地制定手术方案，最终决定用脐静脉换血法。手术的原理看似简单，但是抽血和输血的速度、数量、次数等都极有讲究，稍有不慎便前功尽弃。这名孕妇诞下的婴儿出生两个多小时便出现了黄疸的症状。换血开始，林巧稚先把听诊器在手心捂热，再轻轻贴到婴儿胸前，同时用手示意，控制抽血、输血速度。第一次换血后，黄疸的症状复发，医生们又对患儿进行了第二次换血。三天后，第三次换血。之后，婴儿身上的黄疸症状逐渐消失，这个婴儿成为有记录以来中国首例成功的新生儿溶血病手术患者，而此时林巧稚已经整整七天没有离开过这个孩子。

像春蚕一样，把最后一根丝贡献给国家

林巧稚一边攻克行业顶尖难题，一边积极响应国家号召，为基层群众送去关怀。1965年，林巧稚参加了中国医学科学院巡回医疗小分队，为湖南湘阴县的女性提供先进的医疗援助，这段时间的工作让林巧稚看到了针对妇女的医疗资源供应存在巨大缺口，也让她意识到妇女健康工作应当长期地、系统性地进行。因此，巡回医疗小分队在行医期间帮助当地办起农村卫生员、助产员培训班，使得当地的医疗卫生水平得到持续提升。

同年，林巧稚主持了中华医学会第一届妇产科学术会议，周恩来总理在会上意味深长地向大家说道：我们要像春蚕一样，把最后一根丝都吐出来贡献给国家……周总理的这句话，在林巧稚的心里扎了根，不断勉励她为祖国多奉献一些、再奉献一些，林巧稚也不断用行动响应着周总理的殷殷嘱托。

1978年，林巧稚在担任中国人民友好代表团副团长出访西欧四国的途中突发中风、偏瘫。归国后，即使在病情反复的时间里，她也尽力行使着自己医者的职责，其间她主持编写了《家庭卫生顾问》《家庭育儿百科全书》《农村妇幼卫生常识问答》等书，并完成了《林巧稚妇科肿瘤学》的书稿。

1983年4月22日，林巧稚病逝于北京，享年82岁。她在去世前嘱咐将其遗体用于医学研究，将奉献一词诠释到了极致。林巧稚秉承着博爱的理念拯救了万千母婴，亦将其毕生所学尽数传授给后辈以造福后世。她可以说一口流利的英文，能够书写中英双语的病历，钟爱喝咖啡，但西方的语言和生活习惯却始终没有改变她那颗赤诚的中国心，

数次留在西方工作、生活的机会也从未打动她。林巧稚的一生，始终坚持年少求学时最纯粹的信念：“怀着非凡的爱去做平凡的事。”而这非凡的爱，既是她对祖国的爱，也是对妇婴同胞的爱。

（甄　夏）

1946年

钱伟长：即使在最艰难时期，依然乐观向上

人物简介

钱伟长（1912年10月9日—2010年7月30日），我国近代力学奠基人之一，著名的科学家、教育家，杰出的社会活动家。1931年至1937年在清华大学学习，后留学加拿大多伦多大学应用数学系，并于1942年获理学博士学位。1942年至1946年在美国加州理工学院喷射推进研究所任研究工程师。1946年回国，任清华大学教授兼北京大学、燕京大学教授。新中国成立后，历任清华大学教授、副教务长、教务长、副校长，中国科学院学部委员（院士）。1983年后历任上海工业大学校长，上海市应用数学和力学研究所所长，上海大学校长，中华人民共和国香港特别行政区基本法起草委员会委员，澳门特别行政区基本法起草委员会副主任委员，中国和平统一促进会执行会长，中国海外交流协会会长等职务。

钱伟长是一位通彻的爱国者，一位通达的科学家，一位通识教育家，一位通才跨界者。他把自己的前途深深融入国家和民族的命运之中，不计较个人得失，一切以国家利益为重。正是这种大气魄、大格局，才造就了这位著名科学家、教育家、社会活动家的大成就、大智慧。

通彻：爱国者底色

1912年，钱伟长出生于江苏无锡的一个书香世家，尽管家境贫寒，但钱伟长从小勤奋好学。1930年他以语文和历史满分的成绩考入清华大学历史系。九一八事变爆发后，目睹国家危难、日寇入侵，他立志为国防建设作贡献，决心弃文从理，毅然转入物理系学习。1939年8月，钱伟长与郭永怀等9位西南联大同学考取了中英庚款公费生。1940年1月在上海集合乘船转至加拿大，但大家在船上发现护照上有日本签证，允许他们在横滨停船时登岸游览，他们非常愤怒：当时日本正在侵略中国！他们决不接受敌国签证，于是全体人员携行李下船返回昆明，第二年夏天才重新赴加拿大学习。

钱伟长在多伦多大学师从著名应用数学家辛格。1941年，年仅28岁的钱伟长仅用50天便与导师共同完成论文《弹性板壳的内禀理论》，其中非线性微分方程组被称为“钱伟长方程”，爱因斯坦称赞“是钱伟长解决了一个困扰我多年的难题”。1942年底，他到美国加州理工学院喷射推进研究所担任研究工程师，与钱学森等一起，在世界著名科学家冯·卡门指导下从事航空航天领域的研究工作，参加火箭和导弹实验，并发表了世界上第一篇关于奇异摄动理论的论文。1946年，与冯·卡门合作发表的《变扭率的扭转》成为国际弹性力学理论经典之作。

身在异国他乡，但钱伟长牢记周培源先生的教诲：“儿不嫌母丑，子不弃家贫。”他时刻准备用所学报效祖国。在得知国内抗战胜利的消息后，1946年，他谢绝冯·卡门的挽留，放弃国外优厚的工作生活条件，以“久离家园、怀念亲人”为由，冲破阻力只身回国，到母校清华大学担任一名普通教授。然而由于薪水很低，往返3个学校的教学还是让他的五口之家入不敷出，只能借贷度日。他曾回忆说：“我是中国人，我要回去。虽然回国后，第一个月的工资只够买一个暖水瓶，但我从来没有后悔过，更从来没有对国家丧失过信心。”

1956年，钱伟长参与制定科技发展远景规划，即“十二年科学规划”，他提出的专业计划包括原子能、导弹航天、自动化、计算机和自动控制等，唯独没有自己的专业——力学和应用数学。面对“钱伟长怎么不要自己专业”的质疑，他说：“国家的需要就是我的专业。”

通达：科学家本色

科研创造是他生命的本色。1947年，钱伟长针对受均匀压力的固定圆薄板，用中心挠度为摄动参数导出摄动解，发明了流传于世的“钱伟长方法”。1951年，他在中国科学院数学研究所创办了我国第一个力学研究室，后来又与钱学森合作创办了中国科学院力学研究所和自动化研究所。他主持了我国第一个力学研究班和力学师资培养班，培养了大批优秀的力学工作者。他研究提出的有关圆薄板大挠度问题的参数摄动解法，被国外学者广泛引用，并称之为钱氏摄动法。1956年，出版了我国第一本弹性力学专著。1964年，钱伟长用拉格朗日乘子法建立广义变分原理，导出壳体的非线性方程，广义变分原理享誉世界。作为理性力学的推动者，1979年为促成中国力学学会成立理性力学与力学中的数学方法专业组，钱伟长亲自担任组长。专著《穿甲力学》获1998年全国优秀科技图书一等奖。钱伟长还在国际学术界享有盛誉，先后当选为波兰科学院外籍院士、加拿大多伦多赖尔逊学院院士，进

钱伟长和林家翘（中）、郭永怀（右）在多伦多大学获得硕士学位后合影

钱伟长在批阅文件

入英国剑桥世界名人录等。

钱伟长生前说过：“即使在我生命中最艰难的时期，也没有倒下，依然乐观向上。”1958年至1966年，钱伟长编写了约600万字教材，审稿300余件，艰难条件下依然通过各种渠道将科学成果贡献给国家，成为爱国的“无名英雄”。

“我从不考虑自己的得与失，祖国和人民的忧就是我的忧，祖国和人民的乐就是我的乐。”他从来没有动摇过对祖国对人民的深爱，正如钱穆先生所言，这种精神和力量不是别的，它就是我们民族的历史精神和文化精神。

通识：教育家角色

钱伟长自身得益于家学传承，受益于文理融通，是“宽口径、厚基础、强能力、广适应”复合型人才的典范。他非常重视通识教育，倡导人文教育、和谐教育、体育和美育。“我们培养的学生首先应该是一个全面的人，是一个爱国者，一个辩证唯物主义者，一个有文化艺术修养、道德品质高尚、心灵美好的人；其次才是一个拥有学科、专业知识的人，一个未来的工程师、专门家。”1977年以后，他赴祖国各地作了数百次讲座和报告，提倡科学和教育，宣传现代化。1983年，古稀之年的钱伟长任上海工业大学校长，又回到他最热爱的教育事业。他倡议的“拆掉四堵墙”集中体现了他的教育理念。一是拆除学校与社会之间的墙，以密切学校与社会和企业的联系，进一步强调教育为社会服务的办学方针；二是拆除教学与科研之间的墙，主张高校既要办成教学中心，又要办成科研中心，反对在大学里人为地把教学与科研分开；三是拆除各学院与各专业之间的墙，强调学科交叉，夯实基础，淡化专业，注重科学教育与人文教育的交融，立足培养复合型人才；四是拆除教与学之间的墙，认为“教”虽有指导作用，但毕竟是外来因素，“学”才是内在因素，学生只有通过主动学习，才能把所学的知识变为自己的知识，高等学校应该把学生培养成有自学能力的人，在工作中能不断学习新知识，面对新条件能解决问题的人。

以国家需要为导向的爱国主义精神教育、以优良传统道德为核心的道德教育、以为人民服务为主旨的三观教育贯穿钱伟长的德育思想。他强调对大学生进行国情教育，应该把爱国主义教育作为一条主线，贯穿于德育工作的始终。“我们中国青年应当有远大的理想和抱负，应当用高尚的思想去指导自己的工作和生活。”他将上海大学的校训设定为“自强不息，先天下之忧而忧，后天下之乐而乐”。

通才：跨界者特色

钱伟长学贯中西，博古通今，从文科到理科，从力学到应用数学，从物理到教育再到社会活动，他一生学过十几个专业，科研生涯涉足几十个行业，在多个领域均取得了常人无法企及的卓越贡献，是一位罕见的百科全书式的通才跨界者。其秘诀在于对国家兴亡、社会进步有着深沉的责任感和强烈的使命感，“活到老，学到老，做到老”。正如他经常说的：“我36岁学力学，44岁学俄语，58岁学电池知识。不要以为年纪大了不能学东西，我学计算机是在64岁以后，我现在也搞计算机了。”

钱伟长忧国忧民，情系苍生，南到西沙群岛，北到漠河，西到新疆，无不留下他奔走忙碌的身影。他以报效祖国、服务人民、奉献社会为导向，对知识的吸收和积累不仅仅局限于专业，而是海纳百川，厚积薄发，善于解决实际问题，把论文写在祖国大地上，被称为“万能科学家”。1957年后的20多年间，他与清华园里的科学家们解决技术难题100多个；应李四光要求研究测量地引力的初步设想措施；为国防部门建设防爆结构、穿甲试验、潜艇龙骨计算提供咨询；为电缆厂提供从未发表过的电缆强度计算方法与公式；为人民大会堂眺台工字梁的稳定提出方案；为北京工人体育馆提出网络结构设想和计算方法；为北京火车站屋顶边框强度设计提供计算方法；与工人们一起建立起了热处理车间，还设计了当时北京最好的液压机床；1980年参观福建马尾港时，钱伟长建议在对岸水中堆积卵石，束水攻沙，解决了马尾港泥沙淤积问题；建议用分级提水的方法解决定西地区的干旱问题，提出“以水发电、以电提水、建设灌区、兴办粮仓”的扶贫方案；在甘肃白银和金川新建矿区，明确提出“超产留成，进行原材料深加工，带动地方乡镇经济发展”，使金川变成了河西走廊东段一个新兴的工业城市。钱伟长凭借深厚的物理学基础和汉文化根底，在1985年独创了“钱码”。“钱码”以高速易学闻名于世，为IBM机所采用，并获得1985年上海科技发明奖。

他积极为国家制度建设建言献策，1953年钱伟长参与起草新中国第一部宪法。1980年后，钱伟长相继被选为民盟副主席、全国政协常委和副主席、香港特别行政区基本法起草委员会委员、中国和平统一促进会执行会长、《中国大百科全书》和《辞海》副主编、《简明不列颠百科全书》中美联合编审委员会委员等。

“从义理到物理，从固体到流体，顺逆交替，委屈不曲，荣辱数变，老而弥坚，这就是他人生的完美力学，无名无利无悔，有情有义有祖国。”这是2010年钱伟长当选为“感动中国”年度人物时组委会给予他的评价，也是他一生的真实写照。

（黄　涛　张小茜）

1947年

彭桓武：回国不需要理由

人物简介

彭桓武（1915年10月6日—2007年2月28日），著名理论物理学家，中国科学院院士。1940年获英国爱丁堡大学哲学博士学位，1945年获英国爱丁堡大学科学博士学位。1947年回国，1948年当选为爱尔兰皇家科学院院士。彭桓武的研究涉及中子物理、辐射流体力学、凝聚态物理、爆轰物理等领域，并在这些领域里取得了重大理论成果，这些理论成果对于指导实践具有重要意义。彭桓武还先后在云南大学、清华大学、北京大学、中国科学技术大学执教，参与创办了中国科学院近代物理研究所，为我国核事业培养了一大批科技人才。他先后获得国家自然科学奖一等奖、国家科技进步奖特等奖、何梁何利基金科学与技术成就奖等奖项。1999年被授予“两弹一星”功勋奖章。

1938年，当日寇的铁蹄在中华大地上肆意践踏时，一名23岁的年轻人正踏上远渡英国爱丁堡的客轮，去国离乡，远渡重洋去求学。这名年轻人叫彭桓武，桓取自张飞谥号“桓侯”，武取自岳飞谥号“武穆”。这个名字或许在一开始就注定了彭桓武一生的精忠报国之情。

与杨振宁等并称“清华四杰”

1915年，彭桓武出生于吉林长春，他的父亲彭树棠早年毕业于日本早稻田大学，辛亥革命后在长春县做县长，人称“长春彭”。受家学影响，彭桓武自幼虽体弱多病，却酷爱读书，尤其是对算术，从小就表现出极高的兴趣和天赋。在4岁上学之前，彭桓武就已经掌握了复杂的四则运算。

1930年，彭桓武随父兄一起到北京求学。凭着天资聪颖和刻苦勤奋，1931年，彭桓武考入了清华大学，在这里，开始了他与物理的不解之缘，这一年他16岁。1935年，彭桓武大学毕业后，继续在清华攻读研究生，师从周培源学习物理，与王竹溪、林家翘、杨振宁并称为“清华四杰”。清华园的学习，对彭桓武来说，不仅是对自然科学知识的探索，“自强不息”的校训还时刻激励着他要发愤图强，担起挽救民族危亡的重任。在这样的环境下，彭桓武养成了好学深思、追求真理、开拓创新、不怕吃苦的品质。这为他将来带领科研团队攻克难题，以自然科学报国打下了坚实的基础。

1937年，日寇的侵华活动日益严峻。彭桓武踏上了南下逃亡的道路，除了必要的行李，他还怀揣了一包足够毒死他三次的砒霜，做好了倘若被日本人抓住，决不做顺民的打算。乱世之中，人命如草芥，彭桓武选择宁折不弯，他身上表现出来的“宁为玉碎，不为瓦全”的气节让人敬佩。后来，他写诗道“世乱驱人全气节，天殷嘱我重斯文”。这是乱世之中知识分子的风骨和气节，更是中华民族压不弯的脊梁。

1938年，彭桓武在老师周培源的推荐下，考取了中英庚款留学名额，远赴英国爱丁堡大学，跟随马克斯·玻恩从事固体物理、量子场论等理论研究，等待学成归来报效祖国。

回国不需要理由，不回国才需要理由

马克斯·玻恩是量子力学理论研究的奠基人之一，治学严谨又待人诚恳，是良师也是益友。在良好的学术氛围中，彭桓武凭着傲人的天赋和勤奋钻研的精神，不断取得新的进步，在1940年获得了哲学博士学位。对于学术，彭桓武一直本着精益求精的精神，以此来严格要求自己。他对自己的博士论文不太满意，认为只做了其中的一半。他的导师玻恩却说："如果你都做了，就不能给你哲学博士，而是给你科学博士了！"

1941年，打算学成归国的彭桓武，由于不愿意签一项侮辱性的条款，回国的行程被迫搁置。这一搁置就是6年。1941年8月，彭桓武在都柏林高等研究院从事博士后研究，在这期间，彭桓武的研究取得了一系列成果。1941年到1943年，他与其他科学家合作发表了HHP理论。1945年，他获得了科学博士学位，并获得了英国爱丁堡皇家学会麦克杜加尔-布列兹班奖。1945年到1947年，彭桓武在都柏林高等研究院理论物理研究所担任助理教授。

客居异乡的9年间，彭桓武的学术能力、理论修养得到了很大的提升。赢得了导师玻恩、薛定谔的多次赞赏。玻恩说："他比其他学生聪明能干，好像什么都懂、什么都会。"薛定谔称赞道："简直不敢相信，这个年轻人学了那么多，知道那么多，理解得那么快。"

1947年，彭桓武回到了魂牵梦萦的祖国。代表云南大学前往比利时参加"大学教授会议"，之后辗转与钱三强在法国相见。两人心照不宣，决心回到祖国大干一场，此夜没有响起《折杨柳》的曲子，两人的故国之思、报国之志却被激起。1949年，彭桓武经香港转道回到了母校清华大学。

很久之后，有人问彭桓武已经在国外取得了一些成就，获得了知名度，为什么还要回国。他回答："回国不需要理由，不回国才需要理由。"

不是工农兵协力，焉能数理化成功

新成立的中华人民共和国，百废待兴，急需一大批人才来建设。回国以后，彭桓武先后在云南大学、清华大学、北京大学、中国科学技术大学等多所大学任教，并参与创办了中国科学院近代物理研究所。他奖掖后进，提携后辈，为新中国培养了一大批优秀的科研人才。在与学生的相处中，他平易近人，亦师亦友，丝毫没有留洋归来的架子。"老师像'钟'，你敲钟的劲越大，老师给你的回答就越深入！"他用这样的例子鼓励学生提问，提倡学术交流和碰撞。他还总结了学习方面的经验，即"学问主动，学友互助，良师鼓励，环境健康"四句话。多年的教育生涯，他不仅教给了学生科学知识、科研方法，更把严谨治学、求真务实的科学精神传承了下去。

1960年，国际风云变幻，苏联撤走了所有专家。新中国面临重重困难。1961年，彭桓武被调到核武器研究所，顶替苏联专家从事原子弹理论研究。面对外部国际封锁，以彭桓武为代表的老一辈科学家，不畏艰险，咬紧牙关，攻坚克难，在每一个灯火通明的夜里，在每一场学术会议的争论中，在每一次推翻重来的计算下，勇攀了一座又一座科学高峰。1964年，中国第一颗原子弹在罗布泊爆炸成功。在罗布泊宴会上彭桓武即兴赋诗："亭亭铁塔矗秋空，六亿人民愿望同。不是工农兵协力，焉能数理化成功。"他从不居功，将功劳都归于集体。钱三强多次感叹：彭桓武默默地做了许多重要工作，但很少有人知道。

早些年陈能宽院士与彭桓武诗文互通，陈能宽出的上联是："回顾三十年过去，弹指一挥间；三十功名尘与土，八千里路云和月。"彭桓武对的下联是："俯瞰洞庭湖内外，乾坤日夜浮；洞庭波涌连天雪，长岛人歌动地诗。"从他16岁踏进清华园到1964年中国第一颗原子弹爆炸成功，这中间隔了不止三十年；从他的故乡长春，到北京，到云南，到英国，到爱尔兰，再到青海，这期间跋涉了不止八千里。时间和道路是见证者，见证了彭桓武从一个籍籍无名的青年成长为国之栋梁的奋斗历程，也见证了中华民族从被人欺侮到站起来的艰难岁月。时间和道路也是丈量者，三十功名、八千里路无法丈量彭桓武的爱国之情、强国之志。

集体，集集体，日新，日日新

1982年，10名科学家获得了"原子弹、氢弹研究中的数学物理问题"国家自然科学奖一等奖，在这个重要奖励中，彭桓武排在了首位。按照相关规则，这个奖章本应由他本人保存，他却表示荣誉应该属于大家，他说："奖章我收下了，现在这枚奖章已经归我所有，我有权来处理它，请你们把它带回去，就放在研究所，献给所有为我们这项事业贡献过力量的人吧。"并且他还挥笔写下了"集体，集集体，日新，日日新"这句话。

晚年的彭桓武，辞去了各种职务，深居简出，生活简朴，没有专车接送，也没有专家的派头。1995年，彭桓武获得了何梁何利基金科学与技术成就奖，在致谢词中，他表示自己还"不够艰苦勤奋"。随后他设立了"彭桓武纪念赠款"，将获得的100万港币奖金悉数捐出，用以帮助那些早期在核工业研究中健康受到损害的同志。1996年到2004年，共惠及35人。

他一生淡泊名利，谦冲自牧。正如他父亲的咏雪诗里写的："本来明月是前身，玉骨冰肌别有真。”彭桓武以一颗纯真的赤子之心追求真理，报效祖国。他不计名利，不计得失，无私奉献，如一轮明月映照世间，似一缕清风涤荡人心。

2007年2月28日，彭桓武走完了他光辉灿烂又潇洒出尘的一生。有的人死了，他还活着。太空里那颗名叫“彭桓武”的行星永远记得他，他比星星更耀眼、更闪烁。他身上体现的“热爱祖国、无私奉献，自力更生、艰苦奋斗，大力协同、勇于登攀”的“两弹一星”精神将永远照亮我们前行的路。

（潘建红　杨珊珊）

1948年

王大珩：提出“863计划”的战略科学家

人物简介

王大珩（1915年2月26日—2011年7月21日），原籍江苏苏州。1936年毕业于清华大学。1938年至1948年在英国学习，获得硕士学位。中国科学院院士和中国工程院院士，我国光学事业奠基人之一。为国防现代化研制各种大型光学观测设备作出突出贡献，对我国的仪器仪表事业及计量科学的发展起了重要作用。20世纪50年代创办了中国科学院仪器馆，以后发展成为长春光学精密机械研究所，他领导该所历时30余年。长春光学精密机械研究所研制出我国第一埚光学玻璃、第一台电子显微镜、第一台激光器，成为国际知名的应用光学和光学工程的研究发展基地。1986年，王大珩和王淦昌、陈芳允、杨嘉墀联名，提出发展高技术的建议（即后来的“863计划”）。他还与王淦昌联名倡议，促成了激光核聚变重大装备的建设。他提倡并组织学部委员主动为国家重大科技问题进行专题咨询，卓有成效。1992年，他与五位学部委员倡议并促成中国工程院的成立。1985年获国家科技进步特等奖，1999年获“两弹一星”功勋奖章。

我们四位科学院学部委员（王淦昌、陈芳允、杨嘉墀、王大珩）关心到美国“战略防御倡议”（即“星球大战”计划）对世界各国引起的反应和采取的对策，认为我国也应采取适当的对策，为此，提出了《关于跟踪研究外国战略性高技术发展的建议》。现经我们签名呈上。敬恳察阅裁夺。

王大珩

一九八六年三月三日

这可以说是一封改变了中国当代科技面貌的信。这封信不是一份简单的建议书，而是一份战略报告，为中国未来数十年的高科技发展指明了方向。这封信的主要起草者——王大珩，就是一位站在全局高度为国家重大决策提供科学思维的战略科学家。

当时，面对美国提出的“星球大战”计划和欧洲的“尤里卡”计划等高技术计划，平时儒雅温和的王大珩难抑自己激动的情绪：不能再拖延了，中国必须有所行动！正如信中所指出的：“高科技问题事关国际上的国力竞争，中国不能置之不理。”“在关系到国力的高技术方面，首先要争取一个‘有’字，有与没有，大不一样。真正的高技术是花钱买不来的。”在30多年后的今天看来，这两个战略判断不仅惊人般准确，而且仍然振聋发聩。花钱买不来的，不就是如今仍然深深困扰我们的“卡脖子”技术吗？除了强调时间的紧迫性，信中还根据我国当时的经济、社会、科技发展水平提出了“突出重点，有限目标”“积极跟踪国际先进水平”“发挥现有高技术骨干的作用，通过实践，培养人才”等可操作的建议。

这封信如何送达决策层，也是煞费苦心。王大珩心里很清楚，科学家的战略思考要靠政治家的高瞻远瞩才能得以实现。如果走正常途径，这封信不知要经多少人批示转送，不知什么时候才能送到最高层的案头。王大珩考虑良久，想到了他熟悉的张宏，他还有一个特殊身份——邓小平的女婿。从不“走后门”的王大珩请张宏把这封信尽快送到邓小平那里。

3月5日，也就是收到信的第二天，邓小平在信上批示：“这个建议十分重要……此事宜速作决断，不可拖延。”不久，国务院以这个建议为依据，组织制定了我国高技术发展规划，也就是著名的“863计划”。“863计划”对中国科技的长远发展产生了深远影响，中国终于站到了世界高科技竞争的起跑线上。

为了祖国需要放弃博士学位

“有与没有，大不一样。真正的高技术是花钱买不来的。”这是科学思维，也是战略眼光。王大珩说，应该把“863计划”看成是具有战略意义的。世界科技竞争激烈，日新月异，每时每刻都在发展变化，我们必须以动态的观点来看待它，稍有懈怠便会滞后于人，受制于人。因此，“863计划”的总体精神应是积极跟踪，迎头赶路。王大珩能够根据对科技与社会发展趋势的预判，着眼于国家和人民的长远利益，将科技创新与国家战略结合起来，对关键领域的科学问题和“卡脖子”技术进行前瞻性的研究布局，用科技进步引领国家和社会发展。他是具有战略眼光的科学家，是科学家中的战略家。

战略科学家是如何成长起来的？考察王大珩早年的学习和工作经历可以发现，战略科学家具备两个至关重要的特点：科学家的本色、爱国者的底色。

1936年，王大珩从清华大学物理系毕业。1938年，考取中英庚款第六届留英公费生，赴英国伦敦帝国理工学院攻读应用光学。1941年转入雪菲尔大学，在世界著名玻璃学家特纳教授的指导下进行有关光学玻璃的研究。1942年受聘于伯明翰昌司玻璃公司，专攻光学玻璃的研究，直至1948年回国。

今天，很多人读到这段简历，已经很难想象王大珩所经历的曲折，更难以理解他的选择。比如：1942年，他为何放弃攻读博士学位而去一个玻璃公司工作？

事情要从头说起。1937年，七七事变的当天，王大珩还在清华大学的实验室做实验。然而，此时华北之大，已安放不下一张平静的书桌。王大珩只能跟随周培源先生南下避乱。到南方后，周培源问王大珩接下来有何打算。王大珩脱口就说："我要去兵工厂！这一路上我一直在想，现在正值国难当头的时刻，我应该为国家做点什么。想来想去，可能我能做到的，也只有用我所学的那点东西在兵工方面尽点力了。"可惜的是，王大珩带着周培源的推荐信来到南京弹道研究所工作仅仅一个月后，日军就逼近了南京。王大珩只好撤退到武汉。正是在武汉，报国无门的王大珩怀揣着科学救国的梦想考取了中英庚款留学生。在当时，光学玻璃是世界性的尖端产品，也是战争中的关键部件，制造技术高度保密。而中国在这个领域不仅落后，更是完全空白。王大珩转到雪菲尔大学，就是因为只有那里设有玻璃制造专业。而他在研究工作非常顺利之时，毅然放弃博士学位，也是因为，只有去昌司公司，才能掌握研制光学玻璃的最先进技术。

中国原子能事业的开拓者和奠基人钱三强曾经这样评价王大珩的这次选择："大珩不是不知道没有博士学位对个人的不利影响，但他为了国家将来需要，做了与众不同的选择，在那个时候真是难得。"王大珩自己也说过："我们这代人是习惯了把做事放在第一位的，个人生活其次。我们做起事情来，从来不会从个人生活的角度去考虑问题，都是从国家考虑，从事业考虑。"王大珩的每一次选择，都只考虑两件事：国家需求、科学追求。他始终不失一位科学家的本色，山河破碎时，他想到的首先是科学报国；他始终怀着一颗爱国者的赤子之心，为了祖国，他甘愿放弃近在咫尺的学位。王大珩是一位追光者，他追求的是光学的璀璨夺目，更是祖国的光明未来。

结束了中国没有光学玻璃的历史

战略科学家还是在极为艰苦的环境中淬炼出来的。

1948年，王大珩先到上海，后辗转由香港经朝鲜到了刚解放不久的大连，参加创建大连大学并主持创建应用物理系。1951年，经钱三强推荐，中科院任命王大珩为仪器馆筹备委员会副主任，负责仪器馆的筹备工作。

当时偌大一个中国，做不出一块光学玻璃，造不出一台真正的精密光学仪器。筹建仪器馆，是从盖房顶、填炮弹坑、清除破坦克开始的。王大珩带着第一批28个人，在长春这片千疮百孔的土地上一锹一锹地挖，硬是挖出了一片地方。王大珩后来回忆说：“我就是冲着‘没有’这两个字来的。如果中国‘有’，从前，我也许就不会那么孜孜以求了。无论如何，我是绝不会因为‘没有’而退却的。从此，我开始了一生的追求——发展祖国的应用光学事业。”1953年12月，中国科学院仪器馆熔炼出我国第一埚光学玻璃，结束了我国没有光学玻璃的历史，为新中国光学事业的发展奠定了基础。

王大珩曾动情地回忆说：“责任，是可以使一个人在瞬间完成某种转变的巨大砝码。当我接下仪器馆的工作，开始用中国科学院仪器馆馆长的眼光看问题的时候，当我意识到发展中国光学事业、精密仪器事业的重担已经压在我的肩头的时候，我就已不再是昨天的我了。”在王大珩的领导下，长春光学精密机械研究所（由中国科学院仪器馆更名而来）取得了一系列令人瞩目的成就：著名的“八大件，一个汤”，我国第一台红宝石激光器，基于核爆试验需要的高速摄影机，以“150工

王大珩参加可调谐（气体）激光技术国防科技重点实验室预评估会

程”为主的一系列国防科研项目……由于在“两弹一星”事业中的突出贡献，王大珩被授予“两弹一星”功勋奖章。

他有一颗诚挚的爱国之心。只要是对国家民族有利的事情，他就一定要倾尽自己全力去做，而且无怨无悔。这又何尝不是对王大珩自己的最好写照！

非常难得的战略科学家

“光阴流逝，岁月峥嵘七十。多少事，有志愿参驰，为祖国振兴。光学老又新，前程端似锦。搞这般专业很称心！”1985年，王大珩70岁生日时填了这首词。

王大珩是光学家，是中国现代光学技术及光学工程事业的开拓者和领导者。他也是非常难得的战略科学家，在光学专业之外承担了更多社会责任，对我国科技进步乃至经济、社会发展都产生了深远的影响。

1983年，中央决定改变中国科学院学部委员大会及主席团的性质和职能，要求学部作为国家在科学技术方面的最高咨询机构，努力研究我国现代化问题，积极参与国家科技决策工作。王大珩在担任中科院技术科学部主任时，据此提出了一个观念上的重要转变，就是由等待交付任务转变为积极主动提出咨询。他说：“要发挥学部委员的积极性，只有主动行事，用事实说明效果，来提高一些领导及社会对咨询建议的作用的认识，对决策民主化、科学化的必要性的认识，从而促使决策部门进一步自觉地下达咨询任务形成制度。这样，才能使学部名副其实地成为国家科技重大决策的咨询机构。”

1989年，王大珩与王淦昌、于敏共同向国家提出了《开展我国激光核聚变研究的建议》，得到有关方面批准后实施。

1992年，王大珩和其他5位学部委员联名向中央提出了《关于早日建立中国工程与技术科学院的建议》，得到党中央和国务院的批准。

1994年，中国工程院正式成立。

2001年，王大珩与20多位院士向中央上书，希望国家重视大型飞机的研制。2003年春天，他再次就此问题亲笔上书温家宝总理，提出中国要发展自己的大飞机，要以大飞机的研制发展带动众多领域的高技术产业和诸多基础学科的发展，大幅提高我国的科学技术水平。

……

王大珩说："咨询建议应该或必须注意到：（1）全局性，高屋建瓴；（2）超脱性，跨越部门；（3）科学性，以调研为依据；（4）现实性，符合我国国情；（5）典型性，从一个侧面反映全局；（6）紧迫性，注意后果；（7）持重性，对建议决策的责任感。"时至今日，这7条准则不仅对科技咨询，还对各种智库的建设有着极强的指导意义！

国际天文学联合会将17693号星命名为"王大珩星"，这颗承载着王大珩科学精神与战略思想的天体将永远遨游寰宇，光耀苍穹。

（顾　超）

钱三强：我国原子能科学事业的创始人

人物简介

钱三强（1913年10月16日—1992年6月28日），原名钱秉穹，出生于浙江绍兴（原籍浙江湖州），核物理学家，我国原子能科学事业的创始人，“两弹一星”功勋奖章获得者，中国科学院学部委员（院士）。1936年从清华大学本科毕业，1937年到巴黎大学镭学研究所居里实验室攻读博士学位，1940年获得法国国家博士学位，1946年获得法国科学院亨利·德巴微物理学奖，1947年任法国国家科学研究中心研究员、研究导师，1948年回国担任清华大学物理系教授，1950年担任中国科学院近代物理研究所副所长，1951年接任中国科学院近代物理研究所所长，1954年被任命为中国科学院学术秘书处秘书长，1955年被选聘为中国科学院学部委员（院士），1956年担任第三机械工业部副部长（1958年2月11日改为第二机械工业部，即“二机部”），1978年被任命为中国科学院党组成员和副院长，1978年至1982年兼任浙江大学校长，1999年被追授“两弹一星”功勋奖章。

钱三强用自己奉献的一生标注出中国核武器的转折点，他被誉为“中国原子弹之父”。他是“从牛到爱”的践行者、裂变之光的发现者、核能事业的开创者、赤诚纯粹的爱国者。在科学研究上的创新力，战略判断上的预见力，“两弹”研制上的领导力，道德品行上的感召力，社会发展上的影响力，充分说明钱三强是战略科学家的杰出典范，老一辈科技工作者的卓越代表，新一代科技工作者的光辉榜样。

家学渊源铸就人生底色

钱三强出生于浙江湖州一个书香世家。父亲钱玄同是中国近代著名的语言文字学家，早年赴日留学，曾任北京大学、北京师范大学教授，是新文化运动的倡导者。钱三强本名秉穹，意为“秉性纯良，志存天穹”。他少年时代即随父在北京生活，就读于蔡元培任校长的孔德中学，这所学校非常开明，是一所与私塾完全不同的新式学校，学校除抓德、智、体“三育”外，还重视美育、劳动、音乐。刚进入初中，钱三强就成了班上篮球队的队员，他在篮球队中年龄排行第三且成绩出色，队员便送给他一个绰号“三强”。父亲钱玄同无意中得知，觉得“三强”两字不仅通俗易懂，而且寓意“品德强、身体强、学识强”。1926年后，“三强”两字便替代了“秉穹”。

1930年，17岁的钱三强考入北京大学预科。1932年，又考入清华大学物理系，师从留美归来的叶企孙、吴有训、赵忠尧和萨本栋等著名教授。钱玄同于1933年手书“从牛到爱”，希望钱三强能发扬属牛的那股“牛劲”，像牛一般勤勉，向着牛顿和爱因斯坦的方向前进。“从牛到爱”这四字箴言成为钱三强的座右铭，时时刻刻鞭策着他。“从牛到爱”成为他终生行事的准则，也预示着他的人生发展轨迹：“铆足牛劲”刻苦钻研，“勇执牛耳”舍我其谁，甘当为民服务的“孺子牛”、为原子能事业奠基的“拓荒牛”、朴实无华的“老黄牛”。

1936年，钱三强担任了北平研究院物理研究所严济慈所长的助理。1937年卢沟桥事变爆发，本就患有高血压的钱玄同因忧愤国事而病情加重。家国罹难，钱三强准备放弃已经考取的赴法学习镭学的名额。父亲却教导他：一个男子汉近忧是应该的，但必须有远虑，中国现在没有先进的科学技术，你就要去法国学习最先进的技术。他鼓励钱三强抓住机遇，在当时物理学研究最尖端的镭学领域取得成绩，方能报效祖国。

青年才俊发现裂变之光

钱三强登上了开往法国的轮船，也开启了自己探索裂变之光的旅程。在法国巴黎大学镭学研究所居里实验室攻读博士学位期间，在诺贝尔化学奖获得者约里奥–居里夫妇的指导下，钱三强很快完成了博士论文《α粒子与质子的碰撞》，获得了博士学位。1946年春，钱三强与夫人何泽慧合作发现了铀核的三分裂和四分裂现象，并因此获法国科学院亨利·德巴微物理学奖。这一发现被认为是“二战”后核物理研究的重要成果，西方媒体用《中国的居里夫妇发现了原子核新分裂法》这样的标题予以报道。除自己的论文研究工作以外，钱三强在实验室里总是主动承担各种额外工作，他的勤奋好学、善于钻研、乐于助人等优秀品质受到老师和同事的充分肯定。

钱三强成为获得亨利·德巴微物理学奖的第一位中国学者，并被聘为法国国家科学研究中心研究导师。由于在学习和科研工作中表现出突出的科研能力和杰出的组织能力，约里奥–居里夫妇在对钱三强的评语中写道：他对科学事业满腔热忱，并且聪慧有创见。钱先生还是一位优秀的组织工作者，在精神、科学与技术方面，他具备研究机构的领导者所拥有的各种品德。

那时，所有人都认定钱三强夫妇将会留在欧洲从事科学研究，但强烈的科学救国信念促使他们毅然放弃了国外优越的条件决定回国，为祖国的强盛贡献自己的力量。1948年，钱三强找到了中共驻欧洲的负责人，提出要求回国的心愿。钱三强后来解释了回国的动因：虽然科学没有国界，但科学家都是有祖国的。正因为祖国贫穷落后，才更需要科学工作者努力去改变她的面貌。1948年5月，钱三强夫妇抱着刚半岁的女儿，回到战乱中的祖国，开始了他为中国原子能科学事业奋斗的历程。

“两弹元勋”奠基核能事业

钱三强为中国科学院的建立和新中国科技事业的发展作出了重大奠基性贡献，他的组织工作对中国科学院而言犹如“制礼作乐”。他主张以苏联、法国科学院为雏形，设立中国自己的“国家科学院”。他参与起草的《建立人民科学院草案》，勾画了科学院的基本框架，为科学院的筹建工作打下了良好的基础。竺可桢评价钱三强：钱实为科学院最初组织时之灵魂也。

从新中国成立起，钱三强便全身心地投入原子能事业的开创工作。他在中国科学院先后担任了近代物理研究所（后改名原子能研究所）的副所长、所长。由于仪器设备奇缺，研究所成员只好骑着自行车大街小巷跑旧货摊、废品站找零件，自己制造仪器。钱三强于1954年加入了中国共产党。他在转正报告中写道：我要求党给我努力的机会，允许我转正，我保证今后向达到党员的标准努力奋斗。1955年，党中央决定发展本国核力量，钱三强负责制定原子能发展规划。1956年，主导核武器研究的第三机械工业部成立（后改为第二机械工业部，即“二机部”），钱三强被任命为主管科研业务的副部长。1958年，钱三强领导建成中国第一个重水型原子反应堆、第一台回旋加速器以及一批重要的仪器设备，为我国进一步发展核科学技术奠定了基础。他还协助北

钱三强在办公室

京大学、清华大学、中国科学技术大学建立起技术物理系、原子核物理系等，为中国核科学和核工业培养人才。1959年6月，苏联单方面终止中苏两国签订的国防新技术协定，撤走了全部专家。钱三强临危受命，担任了中国核弹研究技术上的总负责人、总设计师。

钱三强以一个战略科学家的深邃眼光和洞察力很早就认识到原子能科学研究在国家发展中的重要性，并积极投入创建和发展中国原子能的科学事业中。他的科学预见性在氢弹研制过程中体现得更为充分。早在1960年6月，他就提出：氢弹是要以原子弹做引爆器，但它与原子弹有不同的原理和规律，与轻核聚变反应有关的理论问题，需要有人先作探索，宜早不宜迟。在研究原子弹的同时，他就组织了一批理论物理学家对热核反应机理进行了探索性研究，为氢弹研制进行理论准备，促成了中国在第一颗原子弹爆炸后仅2年零8个月，就研制成功了氢弹。“两弹一星”功勋科学家彭桓武认为：钱三强重视“预为谋”，即事先的计划和准备。

“为核聚才”只为国家利益

钱三强为核聚才，有爱才之心、识才之眼、聚才之能、选才之法、用才之魄。他领导的原子能所有“满门忠烈”之誉。作为原子弹工程组织者和实施者，他从全国范围内调兵遣将，将最优秀的人才推荐到核武器研究所，举荐王淦昌、彭桓武担任原子能所副所长。为了找到能承担核武器爆炸力学工作的人，他专门拜访钱学森，请应用力学家郭永怀参加研究工作。在核武器研制攻关时期举荐朱光亚来担任李觉将军的助手。他又亲自找邓稼先谈话并任命其为理论部主任，邓稼先在后来的原子弹研制工程中发挥了关键作用。数百名科技精英在近代物理研究所聚集，包括实验物理学家赵忠尧、杨澄中、戴传曾等，理论物理学家邓稼先、朱洪元、王承书等，放射理论化学家杨承宗、肖伦等，计算机和真空器件专家夏培肃、范新弼等。据统计，从1959年起的6年中，原子能所共向全国输送科技人员914人，在被表彰的23位“两弹一星”功勋科学家中，有15人由钱三强动员回国，其中7人由他直接推荐到核武器研制一线。

钱三强推荐人才遵循的原则是把国家利益放在优先位置，以事业发展需要为重，注重在实践中考察人，着重考察人才的道德品质和工作能力，把最优秀、最合适的人才推荐到最恰当的岗位上去，勇于让年轻人脱颖而出。钱三强反复强调：舍得把最好、最顶用的人用到最需要、最关键的地方去，不分是你的还是我的。1993年，二机部原部长宋任穷对钱三强给予中肯评价：钱三强在我国原子能事业的创建与发展中，有独特的贡献。在普及原子能知识，培养、推荐科技人才，建立综合性科技基地，引进和吸收外来技术，组织领导重大科技攻关和科技协作等方面，做了大量工作，起到了别人起不到的作用。

真诚纯粹尽显大家风范

爱因斯坦在悼念玛丽·居里逝世一周年的讲话中，特别强调了创造才能对道德品质的依赖关系：第一流人物对于时代和历史进程的意义，在其道德品质方面，也许比单纯的才智成就方面还要大。即使是后者，它们取决于品格的程度，也远远超过通常所认为的那样。这个评价同样适合钱三强。周光召曾经这样评价钱三强：“熟悉钱先生的人，不会忘记他那宽阔的胸怀，勇挑重担的气魄，杰出的组织才能，甘为人梯的精神，谦逊朴实的作风，以及只求奉献不求索取的高风亮节。在钱先生身上，科学和道德达到了高度的统一。”为中国原子能科学事业的发展呕心沥血、鞠躬尽瘁，钱三强的事迹和品格是“两弹一星”精神的最佳注解。

像很多科学大家一样，他们往往做人简单，做事认真，把时间和精力聚焦在他们心目中最有价值的科学事业上。他不承认自己是“中国原子弹之父”，而更愿意以“卵石”“沙粒”自居：我作为一个老科技工作者，为能把自己化作卵石、化作沙粒，铺垫在千军万马去夺取胜利的征途上，而感到高兴、欣慰！同事们回忆起钱三强给人的感受是：看不出他是大科学家，他比普通人还普通。

“学以致用，报效祖国”是钱三强毕生的追求。在战乱中献身科学事业，在祖国最需要的时候毅然归国。在攀登科学高峰的道路上，他深深的足迹印刻着对科学的坚定信仰和对祖国的无限热爱。他成就了自己，更成就了祖国，实现了自己“光明的中国，让我的生命为你燃烧”的报国宏愿。

（黄　涛）

1949年

任新民：中国航天“总总师”

人物简介

任新民（1915年12月5日—2017年2月12日），安徽宁国人，中国科学院院士，中国导弹与航天技术的重要开拓者之一，“两弹一星”功勋奖章获得者。1940年毕业于重庆军政部兵工学校大学部。1945年赴美国密歇根大学研究院留学，先后获机械工程硕士和工程力学博士学位。任新民在液体发动机和型号总体技术上贡献卓著。他领导和参加了第一个自行设计的液体中近程弹道式地地导弹液体火箭发动机的研制；曾作为运载火箭的技术负责人领导了中国第一颗人造卫星的发射；曾担任试验卫星通信、实用卫星通信、“风云一号”气象卫星等6项大型航天工程的总设计师，被誉为中国航天“总总师”。

任新民的一生波澜壮阔，他自己却用简单的一句话概括——“我一生只干了航天这一件事。”

迈出科技报国第一步

1929年，年仅14岁的任新民满怀救国热情加入了中国共产主义青年团。此时的安徽宣城笼罩在“白色恐怖”之下，国民党血腥屠杀中共党员、共青团员和革命群众。中共特派员组织了“冒埠暴动”，但被特务队等武装力量镇压，中共党员、共青团员名单也被泄露。为了躲避当局的审查，在宣城上中学的任新民被父亲送到了偏远山区，当了一名乡村小学教师。任新民崇敬和热爱的师友在暴动中被捕、被杀，自己的报国壮志在穷乡僻壤的避难之所也无处施展。谁也不知道这个行走在乡间小路上的少年人承受了多少愤懑与痛苦，但他对待自己的教学工作兢兢业业、尽职尽责，同时也在刻苦自学中学课程。半年后，任新民参加了南京市高中招生考试，被南京钟英中学录取，3年后他又以优异的成绩考入南京国立中央大学化学工程系。

七七事变后，重庆的中央兵工学校大学部为解决兵器制造人才奇缺的问题，从各大学招收二、三年级学生插班学习兵工专业。任新民踊跃报名考试，被造兵系录用。这时候的任新民被浓厚的抗日氛围重新点燃，他学习的枪炮设计制作和使用，为抗日战场研制枪炮、火药，为中国人反抗侵略提供枪支弹药，他科技救国的抱负实现了第一步。

1945年，任新民被选送到美国辛辛那提磨床铣床厂实习，挥别满目疮痍的山城重庆、山河破碎的故国热土，乘军机辗转到印度，再搭乘轮船前往这家世界知名的机床跨国公司。实习期间，任新民吃苦耐劳，以顽强的毅力克服身在异国他乡的重重困难，工读兼顾，在实习结束后考取了密歇根大学机械工程专业研究生。他在学校近乎“痴迷”地专注于学习和研究，仅用4年时间就取得了密歇根大学的硕士、博士学位，在博士毕业前被聘为布法罗大学工程系讲师。

随着国内局势渐趋明朗，归心似箭的任新民欣喜若狂。1949年6月，任新民乘邮轮回国，快到上海时吴淞口被国民党军队轰炸，邮轮只能返回香港。任新民在海上几经辗转，终于在一个多月后到达了天津塘沽港。阔别多年，任新民已学成归来，而他立志报效的祖国也旧貌换新颜。

归国后的任新民参与筹建培养武器装备研制和使用方面的科技人才的哈尔滨军事工程学院（哈军工）。1956年，在钱学森的主持下，任新民参与了《1956—1967年科学技术发展远景规划纲要》中“喷气与火箭技术的建立”的编制。随后，任新民从哈尔滨调入北京，参与筹建标志着中国航天事业创立的国防部第五研究院，任总设计师室（六室）主任。

中国第一台液体火箭发动机总设计师

1958年，任新民被任命为“1059”（苏联导弹P-2仿制弹）的发动机总设计师。“1059”的发动机是我国第一台自己制造的液体火箭发动机，当时中国的工业基础差，产品质量不稳定，而发动机的材料问题更是突出。任新民靠着严谨负责、一丝不苟的精神逐一排查零件的质量问题，把关零件生产的工艺、工序。在发动机材料的问题上，任新民认同聂荣臻元帅的看法，材料不能依赖国外进口，他同多家有色金属冶炼厂、钢厂协议试制155种金属材料，又与石油工业部、轻工业部等20多个单位协议试制87项非金属材料，这些协作生产不但保证了“1059”的仿制成功，也为中国导弹事业发展奠定了工业基础。仿制接近尾声时，苏联专家要求用作推进剂的液氧必须从苏联进口，但任新民坚持试用兰州化学实业公司生产的液氧。任新民与专家们严密检验、比对，中国生产的液氧被证实符合设计要求。

任新民在太原卫星发射中心用“长征四号”乙遥五火箭发射“风云一号”D星、“海洋一号”卫星

发动机研制完成后投入试验需要用到地面试车台。当中方研究人员问及试车台、试车规程的资料时，苏联专家回复要把仿制好的发动机拉到苏联去试车。任新民意识到不能在国内试车必然会卡住中国导弹事业的独立发展，他与同事们既为技术上的钳制气恼，又为导弹研制进程心急如焚。在少有资料辅助的情况下，任新民与同事自主摸索、研究发动机试车台的设计与建设。经过几个月的分析、计算和试验，任新民带领专家们编写出一份极为详细的试车台设计任务书，又经过近一年的工程建设，中国第一台大型液体火箭发动机试车台验收成功。

1960年7月，苏联撕毁合同，撤走专家。在中国导弹事业发展的关键时期，历史风云变幻、测试机故障频发，任新民面临的压力可见一斑，而此时“1059”已经在大漠戈壁的塔架上整装待发。

1960年11月5日，“1059”如期发射，一举成功！聂荣臻元帅称“这是我国军事装备史上一个重要的转折点”。“1059”后改名为“东风一号”，此后东风家族在中国导弹事业征程中不断开拓、节节胜利、步步为营，成为中国现代化国防的“镇国重器”。

中国航天人中极具代表性的一位

把我国第一颗卫星“东方红一号”送入太空的“长征一号”，是在任新民领导研制的“东风四号”弹道导弹基础上研制成功的。作为“东风四号”的技术总负责人，任新民异常忙碌，他带领研制团队突破了我国第一个高空发动机研制中的多个技术难题：没有条件建立模拟高空环境的试车台，任新民与科技人员另辟蹊径，改造发动机系统，增加堵盖、薄膜等设施，为二级发动机点火创造了一个地面大气压环境；为了解决在地面难以获得发动机的高空性能参数的问题，他们采用发动机自身排氧抽真空的方式，设计了一个抽真空扩散试验舱，为发动机创造了高空工作环境；为了提高发动机比冲，任新民带领研制团队设计出钛合金大喷管、玻璃钢大喷管，经过缜密设计、制作，反复试验，成功替代了昂贵、难加工的钛合金制品。

从1968年开始，任新民常驻戈壁大漠、东北寒地的发射场，领导和参与“东风三号”“东风四号”“长征一号”等的研制、飞行试验工作。“长征一号”任务是特殊时期的特殊任务，对任新民来说是多重任务并行，忙上加忙，而主导科技大工程中的统筹、协作更是难上加难。

1970年，“东风四号”发射成功，为“长征一号”运载火箭奠定了坚实的基础。1970年4月24日21时35分，“点火”后的“长征一号”托举“东方红一号”徐徐升空。试验队队长、发射卫星工程指挥部成员任新民站在激动的人群中，紧张地观察着火箭每一个踪迹，“捕获目标”“跟踪正常”“捕获正常”……15分钟后，中央广播事业局接收到了中国第一颗卫星播送的《东方红》乐曲，我国第一颗人造地球卫星发射成功!

任新民说:“中国的航天事业之所以能取得一些成绩，在世界航天界占有一席之地，自力更生、艰苦奋斗是最重要的原因之一。”任新民就是这些自力更生、艰苦奋斗的中国航天人中极具代表性的一位。他在科学中勇攀高峰，在工程中负重前行。他驰骋的沙场不再是金戈铁马，他征战的疆域也不仅仅是星辰大海。中国的航天人在艰难困苦中、在失败挫折中，自力更生，艰苦奋斗，不断谱写中国航天事业新篇章。

（王　妍）

梁思礼：我干的导弹是保卫祖国的

人物简介

梁思礼（1924年8月24日—2016年4月14日），17岁留学美国，25岁博士毕业，同年9月在听到新中国即将成立的消息后，毫不犹豫放弃美国待遇优渥的工作，立刻回国。从新中国第一枚导弹、第一颗原子弹、第一颗人造地球卫星到第一艘神舟飞船，再到使命必达的“东风快递”，都有他的杰出贡献。他就是我国航天事业的奠基人之一，著名导弹和火箭控制系统专家、中国科学院院士、国际宇航科学院院士梁思礼。

矢志传承爱国基因

梁思礼1924年8月生于北京，是梁启超先生的第9个孩子。得益于开明的家庭教育理念，梁氏“一门三院士，九子皆才俊”。也许因为梁启超先生年逾半百喜得爱子，因此对聪明可爱的梁思礼格外疼爱，并昵称其为“老白鼻”（baby的谐音）。梁启超的书斋“饮冰室”，很少允许孩子们去玩儿，梁思礼却是例外。在这里，父亲会给他讲南宋崖山殉国名臣陆秀夫、岳母刺字“尽忠报国”的故事。梁启超喜欢给孩子们写信，在400余封家书中，有一封信的内容是“毕业后回来替祖国服务，是人人共有的道德责任”。不幸的是，在梁思礼差不多5岁时，父亲便离开了人世。

后来，梁思礼回忆说：“父亲对我的直接影响较少，几个哥哥姐姐都受过父亲言传身教，国学功底数我最弱，但爱国这一课，我不曾落下半节。他遗传给我一个很好的毛坯，他的爱国思想通过我的母亲及他的遗著使我一生受益。”

“人必真有爱国心，然后方可以用大事”，“少年智则国智……少年强则国强”，等等，梁启超先生的言行不仅影响了一代代中国青年，更直接影响了梁思礼。有人曾问梁思礼：“您从父亲那儿继承下来的最宝贵的东西是什么？”他回答：“爱国！”

赴美留学前，梁思礼几乎都在天津度过。1937年目睹了母校南开中学被日军轰炸，这成为他抹不去的少年记忆。实业救国是那个时代的要求，母亲告诉他，父亲生前希望孩子中有人学习科学技术。1941年高中毕业后，他便随三姐梁思懿前往美国留学，这一年他17岁。

“留学的时候，我觉得中国工业落后，所以想学一门工业技术，学成回国出力。”1943年，由于一直想走工业救国的道路，加上申请到了部分生活津贴，因此梁思礼转入以“工程师摇篮”著称的普渡大学，改学电机工程，主修无线电，以后又学自动控制。经过寒窗苦读，梁思礼仅用2年的时间就修完3年的课程，1945年从电机系毕业获得学士学位。随后，梁思礼又到辛辛那提大学攻读硕士和博士。

积极投身新中国建设

1949年，梁思礼顺利拿到自动控制专业博士学位，8年的留学生涯并没有让他留恋美国，当得知新中国即将成立的消息后，他果断放弃美国无线电公司的邀请，决定回国参加祖国建设。9月24日，他在旧金山登上了归国的“克利夫兰总统号”轮船。同行的还有20多位留学生，他们都沉浸在归国的快乐中。

航行期间，梁思礼和同伴们从广播中听到了中华人民共和国成立、国旗是五星红旗的消息，大家欣喜若狂，说要开一个庆祝会。庆祝会要有国旗，五星红旗到底什么样子广播并没说。梁思礼等人找来白布，用红墨水把布染红，又用黄纸剪了一大四小五个五角星，凭想象把大五角星放在红旗中间，小五角星放在四个角，简单而庄严，表达了对祖国的美好祝愿和内心的激动。海上航行20多天后，他终于在天津的码头上，见到了阔别8年的母亲，也回到了自己的祖国。

新中国成立前夕，在毛泽东的指示下，周恩来开始积极争取留学海外学子的归国工作。1949年夏，他指示相关部门动员在美国的中国知识分子，特别是高级技术专家回来建设新中国。1949年10月1日，中华人民共和国诞生的消息，在海外掀起了一场为建设新中国服务的留学生回国热潮。据统计，从1949年8月到1950年底，近400名留美中国学生回国参加建设，带回了先进的科学技术，他们中的大多数人成为各自领域的奠基者或领导者，梁思礼就是其中杰出的一位。

梁思礼讲过："我离开（美国）时的感情，只有期望，没有留恋。"当年和他一起留学的一位好友，选择留在了美国，任波音公司的首席科学家，参与设计美国"民兵"洲际导弹。他任中国航天工业部的总工程师，研制中国自己的洲际导弹。两人地位相当但收入相差很大，好友年薪几十万美元，住高级别墅，他却住普通单元房。有人问，对此有何感想？梁思礼答道，他干的导弹是瞄准中国的，我干的导弹是保卫我们祖国的！

主持或参与多项第一

梁思礼在1949年10月回国后，并没有立即投身国防和航天事业。新中国一穷二白，工业基础落后，航天领域就是一张白纸。因为没有对口专业，梁思礼先是在邮电部从事技术工作，参加中国国际广播电台建设工作。直到1956年，梁思礼才迎来了人生的新起点，这一年是中国航天事业的起步之年。3月，梁思礼负责新中国第一个科技规划《1956—1967年科学技术发展远景规划纲要》“喷气技术”（即导弹与火箭）部分的起草。10月8日，象征着中国航天事业正式创建的第一个导弹研究机构——国防部第五研究院成立。钱学森任院长，梁思礼任导弹控制系统研究室副主任，负责导弹控制系统研究，成为第一代航天人，从此彻底与火箭、导弹等大国重器为伴。同年11月，梁思礼光荣地加入了中国共产党。

我国的导弹研发之路从零开始，注定充满坎坷。梁思礼回忆：“当时既无资料，也无仪器和导弹实物，除了钱学森，谁都没有见过导弹和火箭，简直是两手空空，一张白纸。但这是一颗生机勃勃的种子。”就这样，我国导弹研制攻关就从一张白纸开始了。1959年，中国开始仿制苏联P–2导弹，梁思礼作为控制系统技术负责人之一，负责系统仿制和人员培训工作。其间由于两国关系恶化，苏联撤回了专家并带走了全部教案和技术资料。抱着一定要研制出中国人自己的导弹的决心，再困难也要干下去。梁思礼与梁守槃等专家一起迎难而上，成功解决了超差代料问题，研制出了具有替代性的合格的国产燃料、材料和元器件。1960年11月5日，我国第一枚导弹“1059”（后被命名为“东风一号”）在酒泉试射成功，射程比P–2导弹还要远。中国人有了自己的导弹，迈出了我国导弹事业从无到有的第一步。

随后，梁思礼参加了我国第一枚自行设计的“东风二号”及其改进型导弹的研制，并担任控制系统副主任设计师、主任设计师，领导研制成功了具有中国特色的全惯性制导系统。1962年3月21日，中国自主研制的第一枚“东风二号”导弹进行首飞试验。试验前夕，梁思礼的第三个孩子即将出生，他与妻子道别前说：“若生男取名‘梁凯’，若生女取名‘梁旋’。”期待此次首飞能够凯旋。当天，导弹发射后，过了几秒却像喝醉了酒似的摇摇晃晃，头部还冒白烟，然后是发动机起火，21秒时导弹完全失控，69秒后导弹坠毁……自主研发的第一枚导弹发射以失败告终，给梁思礼留下了惨痛的记忆。之后，梁思礼等人总结经验，重新再搞，储备很多预案，在经历17项大型地面研制试验、105次发动机试车后，“东风二号”终于在1964年6月29日发射成功。也正是那次失败，成就了之后的“长征二号”系列运载火箭的一次次成功，使他认识到导弹这么复杂的东西，必须用系统工程的方法去搞，推动了梁思礼开创的“航天可靠性工程学”的问世。他提出，“质量和可靠性是设计出来的，不是统计出来的；是生产出来的，不是检验出来的；是管理出来的，不是试验出来的”。这个学科已成为长征火箭安全飞行的坚实保障。

紧接着，梁思礼作为主任设计师，参加了“东风二号”甲导弹和核弹头“两弹结合”飞行试验。中国第一颗原子弹爆炸成功后，外媒曾嘲笑其“有弹无枪，一通瞎忙”。因为“东风二号”采用的是苏联导弹的无线电横偏校正系统，该系统局限性明显。发现问题的梁思礼和同事们决定采用双补偿和横向坐标转换装置，成功研制出了全惯性制导系统，排除了地形的干扰，制导精度也得到极大的提高。1966年10月27日，中国第一枚带有核弹头的东风-2A导弹，经过896千米的飞行，核弹头在靶区上空569米的预定高度实现核爆炸，震惊世界，从此中国真正成为具有核打击能力的国家。

洲际导弹是国之重器，梁思礼在结束“两弹结合”工作后，又转战研发“东风五号”。鉴于洲际导弹射程远、精度高，需要用计算机控制制导系统，而当时应用集成电路的只有美军的“民兵”导弹，苏联尚未研制成功。为抢占制高点，梁思礼决定在“东风五号”上采用惯性平台——计算机制导技术。“在白纸上画画”“再难，也要咬着牙走

梁思礼在卫通地球站作航天科普报告

下去，必须把技术掌握在自己手里，因为这是国家的需要”。最终梁思礼和同事们完成了关机方程和导引方程的推导，一个小型的国产集成电路计算机研制成功。1971年9月10日，携带此装置的“东风五号”洲际导弹首飞试验，取得成功。

1976年至1978年，梁思礼担任“长征三号”控制系统技术负责人。后来又集中力量研制远程导弹和“长征二号”，并参加了多次飞行试验和1980年向太平洋发射远程运载火箭的首飞试验，还以此获得了1985年国家科技进步特等奖，为我国远程导弹的研制成功，作出了卓越贡献。

“硬件是躯体，软件是灵魂”。1981年以后，梁思礼大力推广航天软件工程化，这使后来的“神舟五号”至“神舟十号”等飞船的可靠性和安全性都达到了前所未有的高度。

2016年4月14日，91岁的梁思礼在北京家中去世。习近平总书记在唁电中说，新中国成立之初，梁思礼同志毅然归国，为发展我国航天事业鞠躬尽瘁，并作出了重要贡献，他的爱国情怀、奉献精神和严谨作风令人敬仰。梁思礼作为第一代航天人，为祖国国防的强大奉献了一生！他的名字和他的丰功伟绩应被每个中国人铭记！

（李军辉）

1950年

唐敖庆：开创现代理论化学的“中国学派”

人物简介

唐敖庆（1915年11月18日—2008年7月15日），江苏宜兴人，量子化学家和教育家，中国现代理论化学的开拓者和奠基人。1940年毕业于西南联合大学，后留校任教。1946年赴美国哥伦比亚大学攻读博士学位。1950年初回国，任北京大学副教授、教授。1952年调至东北人民大学（吉林大学前身），参与领导化学系创建工作，1956年任副校长。1978年任吉林大学理论化学研究所所长、吉林大学校长。1986—1991年，任国家自然科学基金委员会首届主任。1955年选聘为中国科学院学部委员（院士），1981年当选为国际量子分子科学研究院院士。1957—2000年，先后五次获国家自然科学奖，其中于1982年、1987年两次获一等奖，并荣获1993年度陈嘉庚化学奖、1995年何梁何利基金科学与技术成就奖等。

唐敖庆是中国现代理论化学的开拓者和奠基人，是令人高山仰止的“一代宗师”。“理论思维推首筹，道德文章荐五洲。谆诲数代皆梁栋，攀峰几度占鳌头。长校吉大黉歌起，创始基金勋业酬。会当率众临绝顶，前沿科技谱春秋”——这是中国科学院院士张存浩为庆祝唐敖庆八十寿辰所作的贺诗，对唐敖庆一生为我国科教事业作出的卓越贡献进行了概括和总结。

五次获得国家自然科学奖

1915年11月，唐敖庆出生在江苏宜兴的一个平民家庭。1936年，他考入北京大学化学系，而后随校南迁至西南联合大学。1946年，经过严格选拔，唐敖庆获吴大猷、曾昭抡、华罗庚的推荐，与朱光亚、李政道等同船赴美，进入哥伦比亚大学攻读博士学位。读书期间，他选修了大量数学、物理课程，为今后从事理论化学研究工作打下了坚实而深厚的基础。日夜苦读使唐敖庆患上了高度近视，却也使他练就了惊人的记忆力和逻辑能力，为他一生的科研教学事业带来了巨大帮助。

1949年11月，唐敖庆通过博士论文答辩，急切地盼望着回到祖国。他坚信，中国学生在美国待得越久，对祖国的贡献就越少。面对导师的挽留，唐敖庆斩钉截铁地说：“我的事业在自己的祖国，我的祖国就是中华人民共和国。”“我知道我的祖国现在是满目疮痍，百废待兴。但您知道，一个爱国者是不会嫌弃他的祖国贫困的。改变祖国贫困落后的面貌，正是每个爱国者义不容辞的责任！”

新中国成立初期，我国的理论化学研究几乎一片空白。1950年唐敖庆回国后，结合学科发展与国家需求，开辟了诸多理论化学研究领域，在化学键函数和分子内旋转理论、高分子反应动力学的统计理论、配位场理论、分子轨道图形理论、分子固化理论与标度、原子簇化学等领域取得了一系列重要成果。凭借深厚的理论功底和卓越的科研领导才能，唐敖庆于1955年当选为第一批中国科学院学部委员。1957—2000年，他先后五次获得代表我国基础研究最高水平的国家自然科学奖。其中，一等奖两次（1982年、1987年），二等奖两次（1989年、2000年）、三等奖一次（1957年）。张存浩院士评价唐敖庆，能够取得这样的成就“是中国科学界极为罕见的事情”。

徐光宪院士曾说，以唐敖庆的勇气、才智和勤奋，如果停留在一个固定的领域坚持不懈地搞下去，将会取得比现在更大的成果、获得更高的荣誉，可他总是为了祖国需要放弃个人的追求。唐敖庆把主要精力用于观察和把握国际学术发展的新动向，只要发现国内理论化学在某一领域落后于国际水平，便带领一批人冲上前沿。而当在一个领域完成了铺路的工作，他又立即转入另一个新领域，让后来人在前一个领域扩大成果。

唐敖庆的科研成就震惊了国际量子分子科学研究院的外国科学家，他们十分惊讶地表示，中国人在中国的土地上竟可以取得这样的成果。1981年，在本人未提出申请的情况下，国际量子分子科学研究院破例接纳唐敖庆为该院院士，他也成为这个世界顶级学术组织的第一位中国成员。

让中青年科学工作者“异峰突起”

“我要回到自己的祖国，为我的祖国培养人才”——这是唐敖庆留美时坚守的信念。1952年，初到东北人民大学的唐敖庆满怀热情地投身教学一线。他一人主讲无机化学、物理化学、物质结构、热力学、动力学、统计力学等十几门课程，承担了正常情况下两三名教员的工作量。时任化学系主任蔡镏生听了唐敖庆的课后不禁感慨：“基础课能讲到这种程度，真不容易。有学问！”

唐敖庆的目光并没有局限在一所学校的教学上，他非常注重培养全国范围内的学生、青年教师和科研人员。20世纪50年代至90年代，唐敖庆与其他科学家共同举办了十余期具有全国影响力的培训班、进修班、讨论班，主题涵盖物质结构、量子化学、微观反应动力学、高分子标度理论、分子光谱学等国内落后的领域。其中，在吉林大学举办的“物质结构学术讨论班”（1963—1965年）的8位正式学员中，产生了5位中科院院士、2位高校校长，成为我国高等教育界的一段佳话。在1986年调任国家自然科学基金委员会主任后，唐敖庆仍坚持利用假期办班讲课。他说：“是教授就要上讲台，不然是什么教授？”

唐敖庆的授课方式在我国教育界堪称一奇。第一，他讲的每门课程都有严密的科学体系。学生们表示，只要把唐先生讲课的内容记下来，就是一本条理清晰、逻辑严谨的教材。黎乐民院士曾旁听唐敖庆的课程，他说：“唐老师的讲课有高屋建瓴之势，站得高，看得远，讲得透。”第二，唐敖庆上课从不看讲稿，一张嘴、几根粉笔就是课堂的全部。颜德岳院士回忆道：“无论多么复杂的公式，例如不可逆过程统计热力学中的偏微分方程，他都给我们一一推演，整板整板的求解过程就连一个符号也没有差错。”第三，虽然很多课程唐敖庆都讲过多次，但他每次都会结合最新科研成果更新教学内容，给人以“时听时新”之感。

对于培养人才，唐敖庆认为，“这就像有西藏大高原才有喜马拉雅山，有喜马拉雅山才有珠穆朗玛峰一样。科学的发展有一个积累的过程，我们年纪大一点的科学工作者就应该发扬甘为人梯的精神，做铺路石子，为祖国的繁荣昌盛，为中华民族的伟大复兴多做一些打基础的工作，应该支持和培养中青年科学工作者，让他们异峰突起。”

唐敖庆为我国化学学科培养了一大批深谙理论的栋梁之材，如孙家钟、江元生、张乾二、邓从豪、刘若庄、沈家骢等院士，开创了现代理论化学的“中国学派”。张存浩院士感慨道：“这在中国科教史上是绝无仅有的。”

率先按“两个中心”的要求办好大学

唐敖庆一向强调科研与教学并重，他常对青年教师说，当老师一要教书，二要搞科研，不教书就没有专业知识的广度，不搞科研就没有专业知识的深度，必须将二者结合起来。1978年，唐敖庆出任吉林大学校长后，积极响应落实邓小平关于“重点大学既是教育的中心，又是办科研的中心”的重要思想。唐敖庆认为，“两个中心”的办学理念“深刻地揭示了高等教育同科学研究相互依赖、相互促进的辩证关系，准确地概括了国内外搞好高等教育，发展科学技术的成功经验”。

依据“两个中心”办学理念，在出任吉林大学校长期间，唐敖庆倡导重视学术、崇尚实际、开放民主的优良学风。他重视基础设施建设，购置了大量先进的仪器设备和图书资料。他紧抓科研机构调整、扩建和新建工作。他关心研究生教育和青年教师培养，1984年，吉林大学成为首批教育部批准试办研究生院的22所重点高校之一。他以战略眼光和创新精神规划学科发展，新建计算机系、环境科学系、分子生物学系、材料科学系等学科专业。他选派学生和教师出国进修，打开了吉林大学走向世界的大门。

作为校长的唐敖庆对自己要求十分严格，公私界限分明。北方的冬天下雪路滑，年逾古稀的唐敖庆每天步行上下班，秘书拟安排专车接送，但他没有同意。他求真务实、严于律己的高洁品质激励了一代又一代吉大人。吉林大学赠予唐敖庆“功昭校史”“风雨耕耘”两块牌匾，以感谢他对吉林大学作出的巨大贡献。

划定国家自然科学基金制的“生命线”

1986年2月，按照党和国家关于科技体制改革的要求，在中国科学院科学基金试行取得显著成效的基础上，国家自然科学基金委员会正式成立。国务院任命在科教界德高望重、学术造诣深厚的唐敖庆担任基金委首届主任。

同行评议、竞争择优是科学基金制与传统科研拨款体制的根本区别。唐敖庆上任后，将自己几十年来对科学研究规律的理解凝结成科学基金管理的先进理念，缜密制定了“依靠专家，发扬民主，择优支持，公正合理”十六字评审原则。他以身作则，对希望他在基金评审中给予关照的同志，他的态度非常明确：不管谁，都不能特殊。他说：“公正是我们科学基金制的生命线。离开了这一点，就是对科学家的背叛。我们就会被科学家抛弃，也会被历史抛弃。”

在唐敖庆主持工作的5年中，基金委资助了全国约1万个基础研究项目和10万名科技工作者，建立完善了专家评审管理系统，确立了点面结合的资助工作格局，细化了相关管理制度和办法。1991年初，唐敖庆退居二线，时任国家科委主任宋健评价道：“国家自然科学基金委员会已经为发展我国科学事业，提高科技水平，培养科学人才，开辟了一条新的广阔的道路，作出了历史性贡献。”

唐敖庆一生矢志不渝地践行着“献身、求实、创新、协作”的科研精神，将一腔报国之心倾注于国家的科技和教育事业，他的工作动力源于对祖国、对人民的深沉的爱，以及对培育科技人才的强烈责任感。他是真正的大师，是一个大写的“人”。

（武晨箫）

华罗庚：创造自主的数学研究

人物简介

华罗庚（1910年11月12日—1985年6月12日），祖籍江苏丹阳，著名数学家，中国科学院院士，美国国家科学院外籍院士，第三世界科学院院士，联邦德国巴伐利亚科学院院士，被法国南锡大学、香港中文大学、美国伊利诺伊大学授予荣誉博士学位，新中国数学和计算机领域的开拓者。1924年，华罗庚从金坛县立初级中学毕业；1931年，被调入清华大学数学系工作；1936年，赴英国剑桥大学访问；1938年，被聘为西南联大教授；1946年，应美国普林斯顿高等研究院邀请任研究员；1948年，担任伊利诺伊大学教授；1950年回国，先后任清华大学教授、中国科学院数学研究所所长、数理化学部委员和学部副主任、中国科学技术大学数学系主任和副校长、中国科学院应用数学研究所所长、中国科学院副院长和主席团委员等职，还担任过全国人大常委会委员和全国政协副主席。

浩瀚星空中，有一颗国际编号为364875号的小行星——华罗庚星。这颗以我国著名数学家华罗庚命名的小行星闪耀苍穹，彰显着华罗庚为科学事业作出的不朽贡献，更昭示着华罗庚高贵的精神品质万

古长青!

为学：努力不计年，自强永不息

1910年11月12日，华罗庚生于江苏金坛。“罗庚”一名取“进箩避邪，同庚百岁”的寓意。在金坛初中，数学老师王维克等人激发了华罗庚的数学天赋。可惜，华罗庚的求学之路并不顺利。他因家境贫寒被迫退学，终身只有初中学历。15岁辍学回到家乡后，华罗庚一边帮助父亲照料杂货店，一边自学数学。他仅靠一本《大代数》、一本《解析几何》以及一本50页的《微积分》，每天自学10个小时以上。5年后，他学完了高中和大学低年级的全部课程，为以后研究数论打下了坚实的基础。然而，华罗庚专注于刻苦自学，受到的却是包括父亲在内的周围人的不解甚至阻挠。19岁时，华罗庚不幸染上伤寒，左腿关节变形弯曲，落下终身残疾。面对诸多困难与阻力，华罗庚不但没有气馁，反而坚定了与命运斗争的决心。他说：“我要用健全的头脑，代替不健全的双腿！”

1930年，身为金坛中学庶务员的华罗庚，在上海《科学》杂志上发表了《苏家驹之代数的五次方程式解法不能成立之理由》，轰动了当时的中国数学界，受到了清华大学数学系主任熊庆来的青睐。1931年，华罗庚进入清华园，从此正式踏上潜心治学的道路。他在清华用一年半时间便攻下了数学系全部课程，还自学了英文、德文和法文，并在各国数学杂志上发表了10多篇关于数论方面的论文，引起了国外数学家的关注。1936年夏，华罗庚赴英国剑桥大学学习。在剑桥期间，他为学问而不为学历，热忱投身学术研究，先后就华林问题、他利问题、奇数的哥德巴赫问题等发表了18篇高水平论文，提出了“华氏定理”，受到国际数学界一致称赞。

此后的华罗庚，就像他自己说的那样：“努力不计年，自强永不息。

学习数学是一辈子的事。”他在数学领域不断进取，开拓了我国解析数论、典型群、矩阵几何学、自守函数论、多复变函数论和应用数学等许多方面的研究，一生留下了150篇论文、10部专著，其中8部为国外翻译出版并列入20世纪数学的经典著作之列。芝加哥科学技术博物馆因此将华罗庚列为88位当代数学伟人之一，美国著名数学家贝特曼也称他为“中国的爱因斯坦，足以成为全世界所有著名科学院的院士”。

爱国：我们应当回去

华罗庚一生中曾两度放弃国外安逸生活回国，一次是从英国剑桥返回西南联大与同胞们共患难；一次是放弃美国伊利诺伊大学终身教授身份回新中国参加建设。

1937年七七事变后，华罗庚心系祖国，放弃了继续在国外攀登数学高峰的机会，提前整理行装。翌年，他回到祖国，在西南联大担任教授。战火纷飞的年代，华罗庚一家人不仅每天都面临被日军轰炸的生命危险，还要面对物资奇缺、物价飞涨的生活困顿，过得十分艰难。尽管如此，华罗庚研究数学的热情依旧高涨，先后写出20多篇论文，并完成了自己的第一部数学著作《堆垒素数论》。至今，这本书的主要结果仍居世界领先地位。

1946年秋，华罗庚应普林斯顿大学邀请去美国讲学，并于1948年被美国伊利诺伊大学聘为终身教授。彼时的华罗庚已是蜚声中外的著名数学家，每天坐着小车去上课，学术进展顺利，生活安逸舒适。然而，华罗庚并没有在美国久居之意，时刻牵挂着祖国，得知新中国成立，一心报国的华罗庚毅然舍弃美国的优渥生活，带着妻儿踏上了归途。在归国途中，逗留香港的华罗庚发表了《致中国全体留美学生的公开信》。信中，华罗庚饱含深情地写道：“朋友们！‘梁园虽好，非久居之乡’，归去来兮！”“为了抉择真理，我们应当回去；为了国家和民族，我们应当回去；为了为人民服务，我们也应当回去；就是为了个人出路，也应当早日回去，建立我们工作的基础，为我们伟大祖国的建设和发展而奋斗！”这封信通过无线电波传遍世界，感动了万千海外华夏学子，为新中国唤回大批留学人才。

回国后，华罗庚先后担任清华大学数学系主任、中国科学院数学所所长、中国科学院计算技术研究所筹备委员会主任等，不仅个人学术研究硕果累累，更为中国数学事业提出了“创造自主的数学研究”的战略构想，绘制了包括纯粹数学各分支、应用数学的各个方面以及计算数学和计算技术的发展在内的“三部曲”蓝图，极大促进了我国数学及相关学科的发展，也为我国计算机科学发展作出了重要的开创性贡献。

1980年，美国《科学》杂志发表了《华罗庚形成的中国数学》一文。文中，著名数学家阿特勒·赛尔贝格认真思考之后说：“要是华罗庚像他的许多同胞那样，在第二次世界大战之后，仍然留在美国的话，毫无疑问，他本来会对数学作出更多的贡献。同时，我认为他回国对中国数学是十分重要的，很难想象，如果他不曾回国，中国的数学会怎么样。”

育人：人梯精神很重要

毛泽东曾嘱托华罗庚：你也是苦出身，希望你为我们培养出些好学生来！面对这份来自新中国领袖的殷切嘱托，华罗庚谨记心中，努力践行。他认为“人梯精神很重要”，甘愿让年轻人踏着自己的肩膀攀登世界科学的高峰。

为了培养中国年轻科学家，华罗庚言传身教，创办数学讨论班，几乎每个周末和晚上都不会休息，用自己的勤学不怠感染学生。他不仅传授专业知识，还教学生如何做学问，提出了“下棋找高手，弄斧到班门”“读书由薄到厚，再由厚到薄”等独特学习方法。面对挑战自己权威的厦门图书馆管理员陈景润，华罗庚不但不生气，反而十分欣赏他的才华和勇气，将其邀请到北京参加数学讨论会、作报告。在华罗庚的关心下，陈景润被调到中国科学院数学所工作，最终在攻克哥德巴赫猜想方面取得了世界领先的成绩。1958年，华罗庚积极参与筹建了中国科学技术大学，主持创办了“应用数学与计算技术系”并亲任系主任，邀请关肇直和吴文俊等当时中国最杰出的数学家任教，创造性地提出了把所有数学基础课整合到一起的“一条龙”教学方法。在华罗庚的悉心培育下，一大批年轻数学家如雨后春笋般涌现出来，其中很多人日后都成为我国数学界的骨干力量，有些还是国际知名数学家。

除了精心发现和培养人才，华罗庚还仿照苏联模式，倡导在中国举办中学生数学竞赛活动，为中国数学事业储蓄后备力量。他身体力行地组织和参与历次中学生数学竞赛活动，不仅亲自出试题、监考、改试卷，还多次到外地宣传推动中学生数学竞赛，亲自给学生们作报告，撰写《从杨辉三角谈起》《从祖冲之的圆周率谈起》《从孙子的“神奇妙算”开始》《数学归纳法》等通俗读物，培养中学生对数学的兴趣。此外，华罗庚也通过在报刊上写文章的方式向广大青年分享自己学习数学的经验和体会，鼓励他们通过自学而进步，为中国的教育事业作出了突出贡献。

为民：一心为人民，慷慨掷此身

华罗庚数学成就斐然，被外国同行称为“中国的爱因斯坦”，但他更中意人民群众叫他“人民数学家”。他一生都坚守对祖国的热爱，心怀永远跟党走的坚定信念。在多次递交入党申请书之后，1979年，华罗庚被吸收加入中国共产党。接到党组织通知的华罗庚激动得一夜未睡，立志要把余年奉献给祖国，奉献给人民，奉献给党，奉献给壮丽的共产主义事业！

华罗庚自20世纪60年代，不顾年迈体弱，连续近20年深入全国27个省份，奔赴工厂、矿山和工地，与工人、农民同吃同住，撰写通俗读物，讲解优选法与统筹法（简称“双法”），帮助解决了大量实际生产中的难题，创造了可观的经济效益。即便途中得了心肌梗死，年近古稀的华罗庚仍秉持“生产若能长一寸，何惜老病对黄昏”的理念，坚持把科学知识和科学方法送到工农群众中去。

华罗庚离开我们已经快40年了，在江苏金坛的华罗庚纪念馆门前，有一副苏步青题写的楹联：一代畴人高山齐仰止，千秋事业祖国在腾飞。这是对华罗庚毕生奋斗的生动写照。在中华民族伟大复兴之路上，愿更多的中国科技工作者都如华罗庚一般，怀一腔爱国热忱，立一番科学伟业，做一位人民科学家！

（胡明艳　白英慧）

朱光亚："五无"境界的"科技众帅之帅"

人物简介

朱光亚（1924年12月25日—2011年2月26日），中国核科学事业的主要开拓者之一，"两弹一星"功勋奖章获得者，入选"感动中国2011年度人物"。1950年获美国密歇根大学博士学位，并于当年回国；1956年4月加入中国共产党，1970年6月入伍。朱光亚是中国原子弹、氢弹科技攻关组织领导者之一，曾参与了中国原子弹和氢弹的试验与研制，后又相继组织实施了核电站筹建、核燃料的生产以及放射性同位素应用等项目的研究开发计划，并参与了"863计划"的制定与实施，还参与了中国工程院的筹建工作，为中国核科技事业和国防科技事业的发展作出了重大贡献。1985年获国家科技进步奖特等奖，1988年获国家科技进步奖特等奖，还曾获何梁何利基金1996年度科学与技术成就奖。

朱光亚是中国原子弹、氢弹科技攻关组织领导者之一，组织实施了核电站筹建、核燃料的生产以及放射性同位素应用等项目的研究开发计划，参与了"863计划"的制定与实施，参与了中国工程院的筹建工作，在我国科技界、教育界特别是国防科技战线享有崇高威望。

五十春秋呕心沥血，毕生奉献功勋卓著，他被誉为“科技众帅之帅”。朱光亚归国抉择的“无悔”、铸造核盾的“无畏”、战略决策的“无惑”、科学精神的“无瑕”、人生境界的“无我”，集中体现了“热爱祖国、无私奉献，自力更生、艰苦奋斗，大力协同、勇于登攀”的“两弹一星”精神，也生动诠释了“爱国、创新、求实、奉献、协同、育人”的科学家精神内涵。

无悔：归国抉择

“繁霜尽是心头血，洒向千峰秋叶丹。”朱光亚具有浓厚的家国情怀，他认为，“只有把个人命运与祖国命运紧密联系在一起，把自己的聪明才智献给祖国，个人的人生价值和理想才能实现”。少年时代，他就立下了报效祖国的雄心壮志。青年时期，他胸怀科学救国的远大抱负赴美留学，立下了学成必归，与祖国共荣辱、同命运的坚定决心。

朱光亚在美国密歇根大学研究生院从事核物理学研究期间，积极参加留美学生进步团体，经常组织爱国进步活动。1949年新中国成立的消息传到美国后，他带头把抗战时“打倒列强”的歌，填上“赶快回国”的词，推动留学生回归报国。1950年2月，朱光亚毅然拒绝了美国经济合作总署的旅费“救济”，抢在美国对华实行全面封锁之前，取道香港，回到了祖国的怀抱。在回国的轮船上，朱光亚牵头与51名血气方刚的爱国留美同学联名撰写了饱含激情的《给留美同学的一封公开信》，呼吁海外中国留学生回国参加祖国建设：“祖国的父老们对我们寄存了无限的希望，我们还有什么犹豫呢？”“我们都是中国长大的，我们受了多年的教育，自己不曾种过一粒米，不曾挖过一块煤。我们都是靠千千万万终日劳动的中国工农大众的血汗供养长大的。他们渴望我们，我们还不该赶快回去，把自己的一技之长，献给祖国的人民吗？”“回去吧！让我们回去把我们的血汗洒在祖国的土地上，灌溉出灿烂的花朵。我们中国是要出头的，我们的民族再也不是一个被人侮辱的民族了！我们已经站起来了，回去吧，赶快回去吧！祖国在迫切地等待着我们！"在这封短短1600多字的公开信中，朱光亚用了11个感叹号，每个感叹号都诉说着朱光亚内心对新中国成立的喜悦和激动，每一个感叹号都昭示着朱光亚唤醒中国留学生报效祖国的斗志和急切的期盼，他那藏在文字中的、对祖国崛起的热情深深感染了许多留学生。后来，密歇根大学的大部分中国留学生在取得了学位后，都冲破重重阻力回到了新中国。这封信还传到英国、法国，在那里的许多中国留学生也都陆续回国，后来为核武器事业作出杰出贡献的程开甲就是其中之一。1950—1955年，由海外回国的学子有上千人。

无畏：铸造核盾

"安得倚天剑，跨海斩长鲸。"在我国铸造核盾的伟大工程中，核试验的每一次成功，都倾注着朱光亚的心血与汗水；核武器发展前行的每一步，都凝结着朱光亚的智慧和决心。回顾自己的一生，朱光亚说："我这一辈子主要做的就这一件事——搞中国的核武器。"凭借对祖国的忠诚和对事业的执着，在当时极端恶劣的自然条件和极度简陋的设备条件下，我国仅用40多次核试验就达到了外国几百次乃至上千次试验才达到的技术水平。

1950年4月，年仅25岁的朱光亚回国任教，成为当时北京大学物理系最年轻的副教授。到北大以后，他立即以极大的热情投入教学第一线，同时讲授光学和普通物理课程，他精心地准备好每一堂课。1952年春，朱光亚以英文翻译的身份被派往朝鲜，参与板门店停战谈判，当时美国军方利用核武器屡次威胁我国。这种屈辱使朱光亚彻底认清，中国必须拥有自己的撒手锏武器。1957年，朱光亚被调任到中国科学院原子能研究所，参与在苏联援建下开始的反应堆的建设和启动工作。

在我国最早期的原子能大本营中，朱光亚领导设计了轻水零功率装置，顺利地迈出了中国核反应堆制造的第一步。1958年秋，苏联援建的核反应堆和加速器正式移交给中方使用。然而，不久后，苏联撤走在华专家，我国必须完全依靠自己的力量发展核事业。当时的核武器研究所急需一位负责原子弹研制的“科学技术领导人”。年仅35岁的朱光亚临危受命，被调入核武器研究所，承担起中国核武器研制攻关的技术领导重任。看着苏联专家留下的“残缺碎片”，朱光亚无畏无惧：我们就要从这些碎片里，造出我们中国的第一颗原子弹！他从家里搬进研究所单身宿舍，不辞辛劳地忘我工作。

1962年9月，在朱光亚等人的努力下，我国原子弹的理论设计、爆轰试验等取得了突破性的进展。二机部提出了争取在1964年下半年，最迟1965年上半年爆炸我国第一颗原子弹的奋斗目标，即“两年规划”。为了尽快达成这个目标，朱光亚编制了《原子弹装置科研、设计、制造与试验计划纲要及必须解决的关键问题》与《原子弹装置国家试验项目与准备工作的初步建议与原子弹装置塔上爆炸试验大纲》两份纲领性文件，对中央正确决策起到了关键作用。

1964年10月16日，天空上一朵腾空跃起的黄褐色蘑菇云象征着我国自主研制的第一颗原子弹成功爆炸。当时的朱光亚正在离开试验现场返回指挥塔的路上，他透过车窗看到这一幕时，顿时潸然泪下。

无惑：战略决策

“不畏浮云遮望眼，只缘身在最高层。”由于朱光亚具备高超的战略思维能力和敏锐的时代洞察力，在中国的核事业发展中能够准确研判国际形势，科学作出决断，我国核武器的发展才能在短时间内取得跨越式的成功。彭桓武评价他“细致安排争好省，全盘计划善沟通，周旋内外现玲珑"；程开甲称赞他"深思熟虑，把握航道"；上级领导赞扬他是"杰出的科技帅才"；李政道评价他是"两弹"研制中的"科技众帅之帅"。

在中国研制第一颗原子弹的关键时刻，为了阻止中国核武器的试验进程，美、苏、英三国签订了《关于禁止在大气层外层空间和水下进行核试验的条约》，提出"我们能够合作来阻止中国获得核能力"。朱光亚以他远见卓识的战略能力和对时局清晰的判断，亲自起草了《停止核试验是一个大骗局》的报告。报告一针见血地指出了美苏等国家的意图，并建议我国不但不能禁试，而且要抓紧时机，尽快掌握地下核试验技术。因为地下核试验有利于保密和减少放射性污染，还可以取得地面试验难以得到的许多测试数据和资料。此后，在朱光亚的组织下，中国取得了一系列地下核试验的成功。

1992年，和朱光亚的预期相同，美国提出进行全面禁止核试验谈判。在关键时刻，朱光亚又向中央领导汇报了"再次加快"的建议和对策。1996年7月29日9时，在朱光亚等人的指导下，我国又一次地下核试验成功了。当晚，中国政府宣布：从1996年7月30日起，中国暂停核试验。而此前中央关于"两次加快"的正确决策，使我国在签署《全面禁止核试验条约》之前完成了必要的核试验，突破了先进核武器的关键技术，不仅中子弹获得里程碑式的成功，而且造就了核武器小型化、武器化的10年辉煌，维护了国家的安全利益。全面停止核试验前后，朱光亚又多次敏锐指出，核武器技术的发展进入了一个新的历史阶段。他亲自指导核武器研究院和核试验基地开展禁试后科研发展方向的研讨论证，经中央批准后，很快启动了禁试后核武器技术的研究发展工作。

朱光亚还参加了新中国历次国家中长期科技发展规划工作，参与了国家"863计划"的制定和实施，组织领导了历次国防科技与武器装备发展战略研究。1994年6月至1998年5月，他担任中国工程院第一任院长、党组书记，领导建立了一整套行之有效的工作方法和程序，为中国工程院的初创和发展做了大量奠基性和开拓性的工作。

无瑕：科学精神

“大人不华，君子务实。”朱光亚在工作中追求完美极致，注重各方协作协同，充分发扬技术民主，是实践科学精神的光辉典范。凭着这种科学精神，朱光亚等“两弹一星”元勋们创造了奇迹：从第一颗原子弹到安装在导弹上的核弹头，美国用了13年，苏联用了6年，中国仅用了2年；从第一颗原子弹到第一颗氢弹，美国用了7年3个月，苏联用了4年，中国则只用了2年8个月。

朱光亚严谨细致、精益求精的工作作风，求真务实、一丝不苟的治学态度，在科技界有口皆碑。核试验场区条件艰苦，环境恶劣，几乎每次重要试验，他都亲临现场指导工作。认真贯彻落实周恩来总理的“严肃认真，周到细致，稳妥可靠，万无一失”16字方针，要求搞好“五定”：定人员、定岗位、定职责、定关系、定动作，“不放过一个问题，不带着问题试验”，力争把一切可以预见的、应该回答的问题都解决在“零前”，保证一次成功。特别是对现场突发的一些问题，朱光亚要求认真分析，模拟实验，弄清原因，找准措施，直到完全解决。他的言传身教、潜移默化，培育了核武器研究队伍严谨求实的优良传统和作风。

朱光亚领导的研究团队，无论是核武器技术研究队伍，还是原总装备部科技委、中国科协、中国工程院领导班子，都凝心聚力、团结奋进、运转高效。朱光亚提出：“核武器研制是一项综合性很强的大工程，需要有多种专业、高水平的科学家与工程技术人员通力协作。”他特别提到钱三强、王淦昌、彭桓武、郭永怀、何泽慧、邓稼先、程开甲、陈能宽、周光召等科学家的重要贡献。

朱光亚非常重视发扬技术民主，倾听各方面专家的意见，善于在民主基础上集中，实现技术决策的科学化、民主化。他经常强调，"在科学技术问题上，由于专业繁多，相互联系复杂，要认真开展技术民主，注意发挥各方面专家和技术人员的智慧与作用，群策群力，在民主的基础上进行集中"。每逢重大技术问题，他要求大家用理论计算和实验数据说话，与会人员不分职务高低、年龄大小，畅所欲言、各抒己见，进行充分研讨和论证。

无我：人生境界

"言为士则，行为世范。"除了在核事业上里程碑式的成功，朱光亚还是老一辈科学家德才双馨的楷模。他将中华民族的传统美德和现代科学家精神紧紧融合在一起，淡泊名利、无私奉献，数十年如一日呕心沥血、默默耕耘。他说，只要时刻感到自己身处祖国科研的前沿，时刻为科技兴国的大业做着踏踏实实的工作，这就足够了。正是"细推物理即是乐，不用浮名绊此生"。

1996年初，解放军出版社策划出版一套"国防科技科学家传记丛书"，其中朱光亚是必写对象之一。报请他审批时，他把自己的名字划掉了。在他撰写的有关国防科技回忆史料的文章中，字里行间他都只谈他人和集体，不谈自己。"核武器事业是集体的事业，我个人只是集体中的一员，做了一些工作。"

1996年，朱光亚获得何梁何利基金科学技术成就奖的100万港币奖励。拿到奖金支票后，他马上就捐给了中国工程科技界的工程科技奖奖励基金，并反复叮嘱周围的人，这件事千万不要张扬出去。1999年，就连自己平时省吃俭用攒下来的4万多元稿费，他也全部捐给了中国科协的一个基金会。

2004年，朱光亚80岁。为表彰他对我国科技事业特别是原子能科技事业发展作出的杰出贡献，国际小行星中心和国际小行星命名委员会批准将我国国家天文台发现的一颗小行星正式命名为“朱光亚星”。在命名仪式上，他说：“以我的名字命名一颗小行星，我很不敢当……我忘不了信任和关心我的党组织，忘不了支持和帮助我的老领导，以及同舟共济的同事们。”

（黄　涛　彭　宇）

王希季：中国航天事业的“铺路石”

人物简介

王希季，白族，1921年7月26日生于云南昆明。中国科学院院士、国际宇航科学院院士，我国著名航天专家，一生致力于中国航天空间技术的研究、发展，尤其在卫星返回关键技术研究方面作出卓越贡献。曾任航天工业部总工程师、中国空间技术研究院副院长及科技委主任、小卫星首席专家、双星计划工程总设计师等职，负责完成了我国第一颗返回式卫星的技术设计，并首发成功。他两次荣获国家科学技术进步奖特等奖，并于1999年荣获“两弹一星”功勋奖章。

他是中国第一枚探空火箭技术负责人，他是中国第一枚运载火箭“长征一号”总体方案设计者，他是中国第一颗返回式卫星总设计师。在中国的18种型号火箭中，有12种是由他担任负责人设计研制出来的！他就是“两弹一星”功勋奖章获得者——王希季。

拒绝优厚待遇踏上归途

1921年7月26日，王希季出生于云南一户商贾之家。父亲王毓崑饱受商场沉浮，因此不愿孩子再身陷商海，唯一的心愿是希望他们能学一门手艺，过上平静的生活。但王希季不甘平庸，勤奋刻苦，在昆明读书时就已小有名气。1934年，时年13岁的王希季，因在全市小学毕业会考中成绩第一而被誉为“春城小状元”；初中毕业后，他又以第一名的优异成绩考上当时的云南名校昆华高级工业职业学校的土木科；1938年，还在读高二的王希季，应同学之邀，参加了刚迁至昆明不久的西南联大的招生考试，考取了该校工学院机械工程系。

1940年，日本侵略军占领越南后，频繁轰炸昆明。炮火连天，尸横遍野，哀号震天。同胞的鲜血点燃了王希季的怒火，然而，那时的他却只有欲哭无泪的悲叹：国弱万民哀。

一幕幕惨绝人寰的场景，是他今生不曾抹去的痛。年轻的王希季怀揣“多学知识、振兴民族工业，以此救国”的决心，在20世纪40年代末，以优异成绩考入美国弗吉尼亚（理工）学院，就读于动力与燃料专业。

王希季之所以留学，其初心是学成归来建起一所大电厂为家乡造福，以改变当时昆明电力缺乏的状况，避免因电力缺乏影响人们的生活与学习。

1949年12月，他以优异成绩获取了科学硕士学位。正当他准备进一步攻读博士学位时，刊登在《纽约时报》上的两张照片：南京路上好八连、中华人民共和国成立，改变了他的求学计划。

当经历过军阀混战、国破家亡的王希季第一次看到真正为老百姓服务的军队时，他为此激动不已。虽然刚刚建立的新中国满目疮痍、百废待兴，但他决心要报效祖国，投身新中国的建设当中。

1950年初春，29岁的王希季拒绝了美国数个电厂待遇优厚的工作邀请，踏上了驶回祖国的邮轮。王希季与同船其他的中国留学生聚集到甲板上，憧憬着未来。当这位踌躇满志的年轻人仰望太平洋上空的满天星斗时，他怀揣着“建立大电厂，解决中国工业发展的根本问题”

的理想。他或许没有想到，十年后，由他主持研制的中国首枚液体燃料探空火箭，将刺破浩瀚苍穹。

主持“长征一号”运载火箭研制

回国之初，王希季在大连工学院任教。教学之余，他仍在心中勾画着大电厂的蓝图。1958年11月，在毛泽东发出“我们也要搞人造卫星”的进军号令后不久，王希季被调到上海机电设计院，担任探空火箭的技术负责人。然而，参与研制我国第一枚探空火箭的这支队伍，绝大多数是刚出校门不久的青年人，平均年龄不到30岁。有的年轻人甚至还没毕业，就拿着组织上的调令报到了。时年37岁的王希季面对挑战，带领着“娃娃军团”开始了边学边干的艰苦探索：缺乏技术，他找来资料自己先学，再给年轻人讲课，自嘲为“现学现卖”；来不及新建试验室，就把厕所改装成测试室；来不及建通信线路，就用手势或用人传递叫喊的方式进行试验场的联络；没有吊车，就用类似于古老的辘轳的绞车把火箭吊上发射架；没有燃料加压设备，就用自行车的打气筒把气压打上去……很多“土办法”成为当时解决技术性问题的关键。

仅用了短短9个月的时间，由王希季主持研制的我国第一枚液体燃料探空火箭“T-7M”就奇迹般地诞生了。1960年2月19日，在上海郊区一个由稻田改建成的简易发射场上，“T-7M”昂然屹立在发射架上，虽然飞行高度只有8千米，却标志着我国已经在奔向太空的征程中迈出了关键的第一步。

20世纪60年代，王希季受命主持“长征一号”运载火箭的研制任务。他根据我国工业和技术的现状，提出了对于“长征一号”运载火箭切实可行的总体方案和设计。1970年4月24日，“长征一号”运载火箭将我国第一颗人造卫星“东方红一号”送入太空轨道。随着中国航天事业完成了从无到有、从有到强的奇迹蜕变，王希季也已从火箭的

“门外汉”成为航天事业的领头人。

太空要有中国一片天地

火箭发射、卫星升天，国人飞天之梦似乎也不再是遥不可及的事情了。当苏联人加加林进入太空轨道并返回地面后，王希季就十分关注载人航天工程，并将之提上日程。

1971年，我国着手开展载人航天研究，并将这个项目命名为“714工程”。而此前，王希季就已接受有关单位的要求，对载人飞船总体方案进行论证。当“714工程”下达后，王希季又参与了“曙光一号”飞船的研制。然而，“714工程”实施不久，终因诸多原因被搁置下来。

20世纪80年代，我国“863计划”启动，中国载人航天工程再次迎来了发展契机。时任中国空间技术研究院科学技术委员会主任的王希季，根据长期的实践经验和对国情的深刻分析，建议我国应以空间站系统为目标，从载人飞船起步来突破载人航天技术，而且就载人航天关键技术之一的回收技术，我国已有17颗回收式卫星的基础，是符合国情的。中国“神舟号”载人航天工程方案就此基础初步形成。

1999年，“神舟一号”飞船成功地完成首次无人状态下的试飞。这是中国航天技术的重大突破，使国人飞天梦想指日可待。王希季又根据国际最新动态，马不停蹄地进行下一步研究与讨论。

王希季在认真研究国外案例与经验的基础上，提出载人空间实验室是发展空间站之前不可逾越的步骤，认为实验室在发射时已带足物资和设备，中途不能供给；空间站则具备物资补充和设备更换的功能，不仅可供航天员巡访，而且能够长期在内生活和工作。王希季这些创新战略性的建议与设想，为中国载人航天事业的发展奠定下坚实的基础。

王希季说：在太空这个世界各国争夺的新领域，中国不仅要有一席之地，更要扩大到一片之地。为国家需求，他多次转行，在探空火箭、返回式卫星、载人航天等领域完成了多项首创工作，为祖国航天事业打好了地基。老骥伏枥，志在千里。如今，已经102岁高龄的王希季，仍在为我国航天事业作贡献，关心着“中国制造2025”，研究着“互联网+航天”的新项目。王希季用一生的奉献，践行了他的誓言：我愿做太空的铺路石！

（陈文静）

侯祥麟：石油领域的战略科学家

人物简介

侯祥麟（1912年4月4日—2008年12月8日），广东汕头人，石油化工专家，我国石油化工技术的开拓者之一。1935年毕业于燕京大学，获学士学位；1948年获美国卡耐基理工学院博士学位。他领导团队成功研制原子弹工业分离铀-235装置急需的油品和导弹所需的特种润滑油、脂；指导研究解决了国产喷气燃料对喷气发动机镍铬合金火焰筒的烧蚀问题；带领团队成功研究出催化重整、催化裂化、尿素脱蜡、延迟焦化和相关催化剂、添加剂等5项重大新技术；组建石油科研机构；多次参与国家和部门科技发展规划的制订、协调和实施。多次获得国家及省部级奖励。1955年当选为中国科学院学部委员（院士），1994年当选为中国工程院院士。

我国在20世纪五六十年代曾遭遇过西方国家的禁运，面临国内油品缺口严峻考验。时任国务院副总理聂荣臻写信给石油工业部部长余秋里，信中说：航空油料仍完全依赖进口，煤油的技术问题还未解决，汽油只能生产部分型号，润滑油也有不少问题。这些情况使人担心，一旦进口中断，飞机就可能被迫停飞，某些战斗车辆就可能被迫停驶。侯祥麟带领研究团队勇挑重任，最终攻克了这一战略资源的“卡脖子”问题，为我国战略资源自主可控立下汗马功劳。他不仅精通技术，带领大兵团作战攻克技术难关，还高瞻远瞩谋划资源可持续发展，更在国际舞台拓展中国石油技术的影响力，是公认的石油领域的战略科学家。

我出去的目的就是回国

1912年，侯祥麟在广东汕头出生。1925年冬，13岁的他听从父亲的安排去上海求学。1931年，侯祥麟考取了燕京大学化学系。受到马克思主义著作《资本论》和《反杜林论》以及进步报刊的影响，侯祥麟很早就认识到只有坚持马列主义的中国共产党，才能真正肩负起抗日救国的使命。1938年4月，他加入了中国共产党。1944年12月，在党组织支持下，侯祥麟留学美国。1945年至1948年，就读于美国卡耐基理工学院化学工程系，并获博士学位。

在美留学期间，他始终不忘求学的初心——学习先进技术为祖国服务。与此同时，他也并没有只顾埋头念书，还注重深入实践了解美国社会。短暂的适应之后，他就选择与美国同学同住，方便了解美国不同阶层的生活状况。他在美国的校园生活很活跃，还学会了东欧和美国各地区的好多民间舞。当问起为什么会对跳舞如此感兴趣，他的解释不禁让人肃然起敬——原来侯祥麟接受党组织的任务，发起“留美中国科学工作者协会”，他担任协会的常务干事，要在留美期间动员在美留学生回国工作，支持新中国的建设。对美国的深入了解和他善于社交的工作技巧，使得他有效地动员和组织留学生回国，圆满完成了党组织交办的任务。

毕业后侯祥麟虽然获得了麻省理工学院副研究员的职位，但这并没有动摇他回国的决心。1950年，在历时一个多月的航程后，他回到了百废待兴的祖国。后来有人问起他为什么当时选择回到一穷二白的祖国时，他坚定地说：为祖国的建设那是我的信念，必须做的事……我出去的目的就是回国。

油是战略物资，牵涉政治，牵涉经济

20世纪60年代初，航空煤油进口锐减，全国性“油荒”蔓延。当时许多汽车顶着大煤气包在路上跑，比这更严峻的是，油料缺乏正直接威胁着国家的经济建设和国防安全。我国飞机所用的航空煤油一直靠进口，军用和民航飞机所用煤油的国产化迫在眉睫。

形势紧迫，侯祥麟组织起6个研究室的力量，与国内有关科研单位合作，亲自带领科研人员不分黑夜白昼地进行攻关，哪怕除夕夜也是在实验室里度过。经过了不计其数的失败，侯祥麟带领团队不断分析、总结、再尝试、再探索，“苦心人天不负”，他们终于找到了航空煤油烧蚀问题的原因，侯祥麟又一鼓作气带领大家一起研制出了用于解决这一问题的添加剂配方，终于攻下了生产航空煤油这个技术难题。

1959年，为配合中国原子弹、导弹和新型喷气飞机的研制任务，侯祥麟又承担了制造特殊润滑油的紧迫任务。当时科研工作处于资料匮乏和技术力量薄弱的困境，还要随时面临中毒和爆炸的威胁，但即便这样，侯祥麟仍咬紧牙关，毫不松懈地带领大家反复研究实验。他们终于在1964年生产出了合格的全氟润滑油，确保了原子弹的爆炸成功，也使我国成为世界上仅有的几个能生产全氟碳油的国家之一。后来，也是在他的带领下，科研人员又研制成功了新型地地导弹和远程导弹所需的各类润滑油。为解决国内炼油技术落后提出的“五朵金花”（20世纪60年代，人们借用电影《五朵金花》这个名称，把流化催化裂化、催化重整、延迟焦化、尿素脱蜡，以及有关催化剂、添加剂5项炼油工艺攻关新技术，合称为“五朵金花”）炼油技术也在他的带领下研发成功。从那时开始，我国的炼油技术水平大大提升，炼油工艺技术实现了重大飞跃，接近国际先进水平。炼油技术的进步，使当时我国的汽油、煤油、柴油、润滑油等4大类产品产量达到617万吨，自给率达到100%。

多年以后当有记者采访侯祥麟，问他为什么不多买一点油来解决中国缺油的问题时，他语重心长地说：不是说有钱就能买得到油，因为这个不完全是市场经济，油是一个战略物资，所以这里头牵涉政治，牵涉经济。侯祥麟就是凭着一股子韧劲，带领研究团队解决了当时炼油技术的“卡脖子”问题。

我现在考虑2050年以前，石油怎么解决供需的问题

1978年，66岁的侯祥麟被任命为石油工业部副部长，他开始关注全国石油战略的调整和发展，应对国际能源危机。经过多年的科研攻关和实践的积累，他提出了“把大型的炼油厂和以石油为原料的化工厂实行统一指挥、统一销售、统一外贸，同时加强原油深度加工”的思路。在国务院领导的支持下，侯祥麟到上海高桥地区8家企业调查研究，他建议在这一地区组建跨部门、跨行业的联合企业。1981年，国务院批准原来分属各部和地方的8家企业联合，组建上海高桥石化公司，在中国开创了资源整合、机构改革的先河。这一举措开启了系统整合的思路，不仅使资源得到了有效利用，也给企业和职工带来了经济效益。后来，侯祥麟还与有关部门领导和专家几经酝酿，提出建议，将原属中央几个部和地方的以石油为原料的炼油、化工、纺织三大领域的企业联合为一个经济实体，1983年，中国石油化工总公司应运而生。几年后，中国石化工业成为我国发展最快、效益最好的支柱产业之一。

晚年的侯祥麟还组织负责了“中国可持续发展油气资源战略研究”工作。他以高度的责任心投入工作，深入思考研究思路和重点，做好

统筹。虽然年事已高，但他并未放松对自己的要求，仍保持一贯严谨细致的工作作风，深入每一个专题，广泛听取大家的意见，面对面地提出指导意见并反复推敲研究数据。2004年6月25日上午，国务院领导听取“中国可持续发展油气资源战略研究”咨询项目的汇报，彼时侯祥麟的夫人生命垂危，但他仍准时出席了会议，并作了重点发言。他组织负责的“中国可持续发展油气资源战略研究”咨询项目也成为我国支撑“十一五”发展规划和我国实现小康社会发展决策的重要依据之一。

这位当时已经年逾90高龄的科学家，在与课题组讨论时说：咱们课题组只研究到2020年，而我国油气资源供应最困难的时候应该是2020年到2040年，我们要考虑到2050年该怎么办？在场的年轻人无不感到震惊。

尽管作出了卓越贡献，侯祥麟却很“平淡”地回顾自己的一生：我深感国家的命运就是我们个人的命运。作为一个中国人，我为今天的中国感到骄傲；作为一名有着60多年党龄的中国共产党党员，我对我的政治信仰始终不悔；作为新中国的科学家，我对科学的力量从不怀疑，我为自己一生所从事的科学工作感到欣慰。

（石　磊）

余国琮：要把“争一口气”的精神传承下去

人物简介

余国琮（1922年11月8日—2022年4月6日），祖籍广东台山，出生于广州，化学工程学家，我国精馏分离学科创始人，中国科学院院士，中国民主促进会会员。1943年余国琮毕业于西南联合大学，获工学学士学位；1946年毕业于美国密歇根大学，获科学硕士学位；1947年在美国匹兹堡大学获哲学博士学位后留校任教；1950年回国在唐山工学院化工系工作；1952年任天津大学化工系教授；1965年成功研制出重水分离技术，保障了我国原子能事业平稳发展；1990年，筹建我国首个化工领域重点实验室——化学工程联合国家重点实验室，并担任精馏技术国家过程研究中心首届技术委员会主任。余国琮先后获得全国科学大会奖、国家科技进步奖，两次国家级教学成果一等奖。2022年4月6日余国琮在天津逝世，享年100岁。

余国琮是新中国成立后第一批回国参与国家建设的海外科学家之一，像其他归国科学家一样，他毅然放弃国外优越的工作和生活条件，回归祖国投身科学发展事业。“争一口气”是贯穿余国琮一生的信念，可以说，“争一口气”生动地诠释了余国琮艰苦奋斗、科技报国的百年

人生。

在战火中立科学救国大志

余国琮在中学时亲历日本侵略广州城，目睹了战火中家园被摧毁、同胞被屠戮的惨状。在西南联大化工系上大学时，日本军机的轰炸频繁猛烈，不得已时他常要和老师同学们一起“跑警报”。这些沉痛的经历使余国琮深刻体会到“落后就要挨打”的道理，但国耻家难并未让他气馁认输，相反，为自己和民族争口气的信念却由此成为他在逆境中奋斗的强大动力。

1943年底，余国琮顺利考入密歇根大学化工系攻读硕士学位，在当时的化工领域，密歇根大学和麻省理工学院是美国最好的两所高校。然而1945年初，当他来到密歇根大学时，校方竟要求他补修一些本科生课程，“可能是美国人觉得中国大学教育的质量不行吧，……我当时就想争口气，通过自己的努力改变美国人的偏见”。最终余国琮不仅以优异成绩修完所有课程，而且只用1年时间就拿到了硕士学位的所有学分。毕业后他跟随当时化工热力学领域知名教授库尔在匹兹堡大学做助教。库尔教授十分欣赏这位科研能力出众的年轻人，进而邀请他做自己的博士生。博士期间余国琮主攻精馏和热力学2个研究方向，并在实力雄厚的梅隆工业研究所从事化工科研实践工作，1年后他获得博士学位并成为在匹兹堡大学化工系任教的第3位中国人。

执教3年间，余国琮不仅业绩斐然，提出了著名的余–库方程，同时还担任由中国共产党组建的留美中国科学工作者协会的首届理事。他坦言正是通过协会才了解到祖国对于留学生归国建设的渴望，这非常契合自己科学救国的志向。虽然当时匹兹堡大学许诺为他升职加薪，导师也动情挽留，但余国琮的想法很简单——“祖国的建设更需要我”。最终在协会的帮助下，避开了美国当局设置的重重阻碍，1950年余国琮以返港探亲的名义“请假”回归祖国。

在技术封锁中铸大国重器

20世纪50年代我国炼油工业处于起步阶段，而精馏技术不仅是包括炼油在内的几乎所有大型化工过程的通用技术，更是生产核工业所需重水的关键技术，然而这关乎国家经济和安全命脉的核心技术却不掌握在中国人自己手中。余国琮清楚地知道精馏技术对于我国化工产业和国防工业的极端重要性，来到天津大学两年后他就建立了我国第一套大型塔板实验装置，1956年他主持的精馏项目被纳入国家《1956—1967年科学技术发展远景规划纲要》。20世纪50年代末随着中苏关系交恶，我国重水面临断供危机，这关系到原子能事业的存续和国家安全。1959年周恩来总理来到天津大学重点视察重水分离实验室，握着余国琮的手，他语重心长地说：现在有人想卡我们的脖子，为了祖国的荣誉，我们一定要生产出自己的重水，要争一口气！在技术人员、经费、资料和经验都严重不足的条件下，余国琮和他的团队夜以继日地工作。谈及这段往事，他用“拼命”二字来描述。1965年，重水分离技术最终研制成功，由此为“两弹一星”的发射成功奠定了坚实基础，余国琮提出的“两塔法”也成为一直沿用至今的自主重水生产技术。至20世纪70年代，我国不仅做到了重水自给，还成为重要的重水输出国。

余国琮并未将重水分离技术的成功研制视为壮举或者奇迹，在他看来，中国人迷信和崇拜美国技术的原因在于缺乏了解。曾在代表先进水平的梅隆工业研究所进行科研工作的他认为：“美国在化工方面并没有什么特别高明的地方，如果我们下点功夫，也不见得会赶不上他们。”20世纪80年代初，大庆油田斥巨资从美国引进的用于乙烯生产的原油稳定装置由于没有考虑到油品差异而导致投产后轻烃回收率一

余国琮在国际精馏大会学术会议上作报告

直达不到要求，美国公司派高管和专家团队调试了2个月都无法解决问题，只能赔款走人。当收到支援请求时，余国琮没有知难而退。按照他的改造方案对装置系统的运行参数进行调试后，轻烃回收率甚至超过了原有设计的指标，而且设备性能和能耗也都得到了改善。这是我国第一次应用自主技术成功改造进口成套装置，它标志我国化工分离技术在当时已达到世界领先水平。此后，余国琮及其团队运用新技术接连对我国当时引进的重要精馏塔装置进行改造升级，并建立了我国最早的精馏塔新技术设备制造企业，实现了新技术的产业化运作，不仅带动了相关行业精馏分离技术的进步，还在某些重要领域打破了国外技术的垄断，我国石化工业的发展也由此实现了突破。毫无疑问，这一系列成就再次印证了余国琮的观点：只要努力，中国人有能力为自己争一口气。

在功成名就时赓续创新

虽然已经在技术革新方面作出了巨大贡献，但余国琮从未停止科学理论的创新。在对精馏塔不断的改造工程中，他发现现有理论实际上并不能满足所有数据需求，而“工业技术的革命性突破必须在基础理论和方法上取得突破才能实现”。晚年的余国琮打破原有理论框架，结合现代物质传递、扩散理论，创造性地引入计算流体力学的基本方法，针对精馏以及其他化工过程，开辟了全新的研究领域——化工计算传质学理论。2014年阐述这套理论的英文版书籍《计算传质导论及其在化学工程中的运用》发行以后便在国际学界引发较大关注，该书出版6年后，在出版商的邀请下，已经98岁高龄的余国琮仍在病房中校订该著作的第三版。

余国琮对创新的孜孜追求还体现在教育方面。他曾说：“我们中国人并不笨，我们能自主创新。我不仅仅要去自己争一口气，更要把‘争一口气’的精神传承下去，让更多年轻人继续为中国‘争一口气’！”的确，“争一口气”最终需要中国人自己矢志创新。实际上，在攻关重水分离技术时，面对技术人员匮乏的问题，余国琮就以成立专门专业、制定专门课程和编写专门教材，抽调学生有针对性地培养来作为应对措施。在成功生产重水的第2年，他已经培养了共4届40余名毕业生，这些学生也成为新中国第一批重水生产技术专家。此外，从20世纪90年代开始余国琮先后主持3次全国性大规模教学改革项目，他结合自身经历并充分了解国内企业的实际技术需求，由此构造了全新的创新人才培养体系与课程体系，编写、开发了一批高质量教材与网络课程，形成了符合国家和时代需要的先进化工专业教学理念。例如，提出用一些人文社会学科的内容丰富教学，取消一些专业课考试而改为读书报告等，这些思想很大程度上都与当下所提倡的“新工科”建设要求相一致。

在余国琮看来，大学的根本使命就是培养创新性人才，从而服务于国家需要，而作为一名大学教师，以之为目标做好本职工作就是再正常不过的事了。坚持凌晨4点起床备课，85岁站立讲台3小时给本科生上课，90岁培养博士生，98岁仍伏案修订书稿。如果说在面对民族偏见和技术封锁时，余国琮所展现的是铮铮铁骨，那么作为一名大学教师，他展现的则是谦卑温和。的确，“争一口气”不仅需要敢于斗争的坚韧品格，更需要求真务实的创新精神。

以科技报国为初心一生未变，余国琮将他的一生全部奉献给了新中国的化工事业和教育事业。

（欧阳文川）

程开甲：隐匿铸核盾

人物简介

程开甲（1918年8月3日—2018年11月17日），江苏吴江人，著名理论物理学家，中国科学院院士，“两弹一星”功勋奖章获得者，国家最高科学技术奖获得者，“八一勋章”获得者，荣获“改革先锋”称号、“人民科学家”国家荣誉称号，获得“感动中国2018年度人物”荣誉。1941年毕业于浙江大学物理系。1948年获英国爱丁堡大学哲学博士学位。曾任浙江大学、南京大学教授，第二机械工业部核武器研究所副所长，国防科工委核试验基地研究所副所长、所长及基地副司令员，国防科工委科技委正军职常委、顾问。

程开甲是中国核武器研究的开创者之一，在核武器的研制和试验中作出了突出贡献。他也是中国定向能高功率微波研究新领域的开创者之一，规划领导了抗辐射加固技术新领域研究。他出版了中国第一部《固体物理学》专著，提出了普遍的热力学内耗理论，导出了狄拉克方程，并且发展了超导电性双带理论和凝聚态TFDC电子理论。

1946年8月，程开甲赴英国爱丁堡大学留学，成为物理学大师玻恩教授的学生。在爱丁堡这座美丽的城市，程开甲却时刻惦记着祖国，

“我决心珍惜机会，学有所成，报效国家。我相信通过我们的努力，中国会富强起来”。

程开甲主要从事超导电性理论的研究，在玻恩身边的4年，程开甲选择超导理论研究作为主攻方向，与导师共同提出了超导电性的双带模型，也学到了许多先进知识，特别是见识了不同学派、不同观点的碰撞，同时结识了狄拉克、海特勒、薛定谔、缪勒、鲍威尔等科学巨匠。

一片赤诚为报国

1948年秋，程开甲获哲学博士学位，任英国皇家化学工业研究所研究员，年薪750英镑，在当时已经是相当高的收入。

当时的中国人在国外没有地位，程开甲用第一个月的薪水去给妻子购买皮大衣，当把支票递过去结账时，老板根本不相信黄种人会有钱买得起。程开甲去租房，有的房东明明有空房却不租给中国人，好不容易有愿意租的，又不肯将好房间出租，多给租金也不行。有一次去海滩游泳，几名中国留学生刚下水，英国人就立即上岸，还指着他们说：“有一群人把这里的水弄脏了。”他说：“看不到中华民族的出头之日，海外的华人心中都很闷、很苦。”

1949年发生的一件事，让程开甲看到了民族的希望。他在苏格兰出差时看到一部电影新闻片，片中介绍中国人民解放军敢于向英国军舰开炮，击伤了英国军舰“紫石英号”，让程开甲第一次有了“出了口气”的感觉。看完电影走在大街上，腰杆也挺得直直的。

“紫石英号”事件让程开甲开始了解中国共产党和中国人民解放军，他给国内的家人和同学写信，询问国内情况，在信中得到的回复是“国家有希望了”，程开甲毅然决定回国。

导师玻恩对他的决定虽然有些遗憾，但是能够理解他的心情，回国的前一晚与他长谈："中国现在很苦，你回去要吃许多苦头，到了埃及，多买些吃的带回去吧！"

但程开甲的行囊里，除给妻子买的一件皮大衣外，全都是各种专业书籍。程开甲意识到新中国刚成立，钢铁、材料都很缺，固体物理、金属物理方面的知识和资料国内一定非常需要，所以回国前跑遍了图书馆和书店，尽力收集了相关的专业书籍，后来果真都用上了。

1950年8月，在海上漂泊了一个月，程开甲到达香港，再从香港乘火车经广州到达杭州，回到了一穷二白的新中国，开启了报效祖国的人生之旅。

一再"转向"应国需

多年后，有人问程开甲对当初的决定怎样想，程开甲感慨地说："我不回国，可能会在学术上有更大的成就，但最多是一个国家的二等公民的科学家，绝不会有这样幸福，因为我所做的一切，都和祖国紧紧地联系在一起。"

刚回国时，中国学习苏联的经验优先发展重工业。南京大学物理系确定要开展金属物理研究，任务交给程开甲和施士元教授。为此他主动向青年教师学、向工人师傅学，还专门到沈阳金属研究所向著名物理学家葛庭燧先生学习。

1950年至1960年，程开甲先后发表了《内耗热力学研究》等10余篇内耗研究论文，开创了国内系统的热力学内耗理论研究，出版了我国第一部《固体物理学》专著，对中国固体物理学的教学与科研起到了重要作用。

1958年至1960年，程开甲根据需要，再一次改变专业，与施士元一起创建南京大学核物理专业。同时，他还参与江苏省原子能研究所的筹建。程开甲带领师生们自己动手，成功研制出一台双聚焦β谱仪，

程开甲专心致志钻研

测得元素的衰变曲线，这是南京大学第一台核物理实验仪器。不久，他们又研制出南京大学第一台直线加速器，为南京大学核物理发展打下了基础。

1952年，程开甲向组织递交了入党申请书，1956年正式加入中国共产党。程开甲一次又一次改变自己的专业，从零开始创业，有人也曾劝他，"今天干这个，明天干那个，当心变成万金油，东搞西搞，搞不出什么名堂。"但他说："我当然清楚自己的优势是在理论研究方面，但组织上决定，我坚决服从，只要国家需要，我义不容辞。"

一生隐匿铸核盾

1960年夏季的一天，正在南京大学任教的程开甲接到一纸命令去北京报到，他没有多问，第二天就动身了。自此，已在学术研究上建树颇丰的程开甲销声匿迹几十年。

20世纪60年代初，中央部署要在两年内进行第一颗原子弹爆炸试验。当时，无论是理论还是技术都是一片空白。程开甲受命与吕敏、陆祖荫、忻贤杰等同志一起，起草了首次核试验测试的总体方案，又与其他同志一起把核试验需要解决的问题分成上百个课题，走遍全国各科研院所和各军兵种的许多单位，召开了几百次协作会议。在不到两年的时间里，全国上下通力合作，很快研制出上千台测试、取样、控制等各类实验设备和仪器。

1964年10月16日，中国第一颗原子弹在罗布泊准时爆响，自动控制系统在瞬间启动千台仪器，分秒不差地完成了起爆和全部测试。当年，法国人进行第一次核试验，测试仪器没有拿到任何数据，美国、英国、苏联也仅仅拿到了很少的一部分数据，而我国拿到了全部数据。

1967年6月17日，轰-6甲型战机在新疆罗布泊上空投下一个降落伞。伴随着一声巨响，中国第一颗氢弹空投爆炸试验成功，沉寂的戈壁大漠上空，闪耀着万丈光芒。

还在中国第一颗原子弹爆炸之前，程开甲就根据周总理的询问，提出并一再坚持向地下核试验方式的决策性转变。1969年9月23日首次平洞核试验成功，为了掌握地下核爆炸各方面的第一手材料，程开甲和朱光亚等科学家决定进入地下爆心去考察。到核爆炸中心作考察，在中国还是开天辟地第一次，谁也说不清洞里辐射的剂量，其危险可想而知。但程开甲经过细心计算，认为采取多种防护措施后，可以进入地下。他们在刚刚开挖的直径只有80厘米的小管洞中匍匐爬行，最后进到爆炸形成的一个巨大空间。洞里温度很高，科学家们忙得汗流浃背，坚持把所有考察工作做完，取得了中国地下核试验现象学的第一手资料。

从1963年第一次踏进罗布泊到1985年，程开甲一直生活在核试验基地，为开创中国核武器研究和核试验事业，倾注了全部心血和才智。在20多年中，程开甲成功地设计和主持包括首次原子弹、氢弹，导弹核武器，平洞、竖井和增强型原子弹在内的几十次试验。程开甲创立了中国自己的系统核爆炸理论和效应研究，主持、参与和指导核爆炸效应的全面总结，为核武器应用奠定坚实基础，是中国指挥核试验次数最多的科学家，人们称程开甲是“核司令”。

正如中国核试验基地首任司令员张蕴钰所言：“程开甲是一名纯粹的科学家。”对于获得的各种荣誉和称号，程开甲有他自己的诠释：“我只是代表，功劳是大家的，功勋奖章是对‘两弹一星’精神的肯定，我们的成就是所有参加者，有名的、无名的英雄们在弯弯曲曲的道路上一步一个脚印去完成的。”伟大的科学家是不求名利的，真正为祖国作出了重大贡献的科学家，祖国和人民不会忘记。

（陈　航）

姜圣阶：为祖国和人民工作到生命最后一刻

人物简介

姜圣阶（1915年11月14日—1992年12月28日），黑龙江林甸人，化学工程专家，核工程技术专家，中国科学院院士。1936年，姜圣阶毕业于河北工业学院机电系；1950年获美国哥伦比亚大学硕士学位。1950年回国后，姜圣阶在主持永利宁厂的改扩建过程中完成了百余项技术革新。20世纪60年代领导组建了中国第一个大型军用生产反应堆、核燃料后处理厂，对后处理工艺流程进行了两项革新，使中国钚生产技术达到先进水平。20世纪80年代组建国家核安全局，为建立中国核安全监督体系作出了重要贡献。曾获1956年国务院特别奖、国家科技进步奖特等奖、国家发明奖二等奖，并曾获法国荣誉军团骑士勋章。

姜圣阶作为我国著名的化学工程专家、核工程技术专家，为我国研制“两弹”作出了重要贡献，同时他也是和平开发核能、发展核电事业的积极倡导者和实践者，为建立中国核安全管理体系做了许多开创性工作。为了他一生热爱的事业，他燃尽了自己生命的最后一簇火焰。

我不可能留在美国

1915年11月14日，姜圣阶出生于黑龙江省林甸县范家屯村的一个农民家庭。因家境贫寒，姜圣阶在高小毕业后便进入师范学校就读，他学习勤奋刻苦，成绩名列前茅。为了争取更好的学习机会，他离开家乡，赴北京、天津求学，并于1931年考入河北工业学院机电系。

1936年，爱国科学家侯德榜创办的永利公司正好招聘大学生，大学毕业的姜圣阶在竞争激烈的考试中脱颖而出，成功被永利公司南京分厂——永利宁厂录用。1937年南京沦陷，姜圣阶跟随侯德榜途经湖南，最后留在四川乐山的永利川厂工作。在此期间，姜圣阶接触到了很多有留学经历的技术人员，也萌生了出国留学学习先进技术的想法。他利用业余时间刻苦学习，准备一有机会就全力争取。

抗战胜利后，侯德榜从永利公司选派包括姜圣阶在内的5人赴美国考察。姜圣阶决心弥补自己的遗憾，参加了美国的研究生入学考试，争取在美国学习的机会。姜圣阶凭借过硬的成绩进入哥伦比亚大学研究生院化工系学习。毕业后，姜圣阶在侯德榜的介绍下，积极到美国的大工厂实习，积累经验、增长见识，以便回国后能更好地把理论知识应用于实践中。实习结束后，姜圣阶面临两个选择，一是不回国，加入美国国籍，享受优厚的生活条件和科研环境；二是回国，与新生的共和国一同成长，面临未知的困难和挑战，去走一条开创者的道路。姜圣阶毅然选择了后者，他说，“我去美国是为了学习文化知识，为祖国作贡献，我不可能留在美国”。姜圣阶毫不犹豫地回到了祖国的怀抱。

8个月还是20年?

新中国成立之初，国家百废待兴，人民生活艰苦。国家首要解决的问题就是老百姓的吃饭问题，而提高粮食产量的关键正是化肥，加快发展化肥生产尤为重要。作为化肥生产基地的永利宁厂担负重责，基于姜圣阶和永利公司长期合作的关系，以及他出色的专业背景，侯德榜邀请他担任副厂长兼总工程师。姜圣阶接下了这个重担，以忘我的热情投入工作中。

在永利宁厂和南京化工厂工作期间，姜圣阶在化肥原料改良和机械化生产方面作出了创新和突破。当时，我国的化肥生产主要采用焦炭为原料。焦炭不仅是化肥生产的原料，而且是炼钢的主要原料，焦炭的缺乏是制约化肥生产的瓶颈。对此，姜圣阶提出用我国产量丰富的无烟煤代替焦炭、制取氮合成气的设想，这一想法得到了上级的充分肯定和支持。很快，姜圣阶带领技术人员探索出使用无烟煤的一系列工艺技术和设备结构，并成功将其运用于大规模生产。

同时，姜圣阶敏锐地意识到，想提高化肥产量，仅解决原料的问题是不够的，设备的机械化是关键，他提出“化工成功于机械”的观点，并带领技术人员深入钻研高压容器的制造。高压容器是化肥工业生产的关键设备，能够自行生产设备的国家少之又少。一些国外专家断言，中国要制造高压容器还得等20年。然而姜圣阶的团队仅用8个月的时间，就成功实现了这一目标。这标志着我国制造化工重型装备的能力跨上了一个新的台阶，结束了高压容器全部靠进口的时代。

姜圣阶在化工领域的诸多成果都在全国范围内得以应用，为我国的化工发展作出了杰出贡献。

只身前往戈壁沙漠

就在姜圣阶准备为化工事业再做规划、大展宏图之际，中央决定自主研发“两弹”，在权衡和考量了各种条件以后，姜圣阶被选为其中的关键人物。这时，姜圣阶已年近50，在化工领域深耕了近30年，让他突然转行，他心中既不舍又忐忑。加上夫人半瘫在床，膝下无儿无女，家庭的困难让姜圣阶迟迟没有下定决心。

1963年初，周恩来总理在中南海亲自接见了姜圣阶。面对祖国的期待，姜圣阶毅然决定暂时放弃自己在化工事业上的规划，将家人交托给组织。为了国家的安全，为了民族的复兴，他前往戈壁沙漠，开启了一段未知而艰险的旅程。

姜圣阶带着一张时间表来到二机部报到，他将重大任务分解成重要工作，力图稳扎稳打、保质保量地完成任务，决不给整个规划拖后腿。姜圣阶格外重视设备的设计和工艺，创新改良了苏联专家设计的单管冷凝器，以静止的大型隔板容器代替转动的单管冷凝器，从根本上解决了单管冷凝器不稳定的问题。由姜圣阶领导和负责的铀-235生产线的建成投产，为我国1969年首次地下核试验的成功奠定了基础。

姜圣阶也为建成核燃料循环体系立下了汗马功劳。首次核试验成功后，姜圣阶和技术人员很快投入“二线工程”的建设中。“二线工程”包括反应堆工厂、后处理工厂、核部件加工制造厂等重要生产项目。后处理工厂的设计有两种方案，一种是沉淀法工艺，另一种是萃取法工艺。后者性能优良、节约投资，节省原材料，但实施难度大、风险性高。姜圣阶迎难而上，和技术人员协同攻关，经历了无数次的讨论和完善，最终取得了成功。萃取法工艺的改进缩小了我国和世界先进水平在工艺技术上的差距。反应堆工厂是“二线工程”的重点之一，曾经面临被迫中断、恢复施工时设备残缺不全、资料严重不足等多种困难。姜圣阶带领技术人员作出了一系列的技术革新和改造，并在特殊时期，部署策划提前实施启动方案。1966年10月，反应堆开始物理启动，5天后达到临界，启动获得圆满成功。

姜圣阶在戈壁沙漠里生活了13年，仅回家探亲3次，加起来只有33天。

冷？冷就不工作了？

“两弹”的爆炸成功、核潜艇的下水，标志着核体系的形成。姜圣阶认识到核工业的持续发展和核能的合理利用息息相关。在民生行业充分利用核能，已经成为核工业刻不容缓的课题。为发展核电，姜圣阶不断学习和研究，在报纸上发表相关文章数十篇，普及和推动核电的建设。

20世纪80年代，中国的核电建设正式起步。与核电发展随之而来的是核安全问题，姜圣阶被任命为国家核安全局第一任局长。他全面构想核安全局的框架，开展核安全的立法工作，参照国际和先进国家的标准，为保证核电安全做了大量实际工作。除此之外，姜圣阶提前意识到了宣传工作的重要性。想要核电更好地得到应用，打破人们对核的偏见十分重要。他认为人们对核电产生心理恐惧的关键是对核电站的不了解。对此，姜圣阶用了一个形象的比喻：原子弹的装料好比是烈性酒，核电站的装料好比是啤酒，烈性酒可以用火柴点燃，啤酒却是点燃不了的。

在发展核工业的同时，姜圣阶也不忘自己的“老本行”化工，并在核工业系统军转民方面做了很多具体的工作，其中包括在四川涪陵兴建“816化肥工程”。工程建设期间，年逾古稀的姜圣阶多次到现场巡视指导工作。1992年12月，姜圣阶再次前往现场考察。因天气寒冷，部里面的领导劝他不必亲自前往，姜圣阶回答道：“冷？冷就不工作了？”令人痛惜的是，在到达重庆机场后，他因心脏病突发，抢救无效与世长辞，享年77岁。

姜圣阶为科研工作和国家复兴默默奉献了自己的一生，在这条道路上陪伴他的是对科研的探索、对祖国的热爱和对人民的责任。

（张晓铮　高文静）

邓稼先：如果有来生，我还选择中国

人物简介

邓稼先（1924年6月25日—1986年7月29日），著名核物理学家，中国核武器研制工作的开拓者和奠基者之一。1941年考入西南联合大学物理系。1948年至1950年，在美国普渡大学留学，获物理学博士学位，毕业当年毅然回国。1958年起，历任第二机械工业部第九研究院理论部主任，九院901所副所长、所长，核工业部九院副院长、院长。1980年当选为中国科学院学部委员（院士），1982年获国家自然科学奖一等奖，1985年获两项国家科技进步奖特等奖，1986年获全国劳动模范称号，1987年和1989年各获一项国家科技进步奖特等奖，1999年被追授“两弹一星”功勋奖章，2009年9月10日入选“100位新中国成立以来感动中国人物”名单。

邓稼先是23位“两弹一星”功勋奖章获得者之一，他将祖国的需要作为自己的第一选择。“君视名利如粪土，许身国威壮河山。”在他身上，集中体现了“热爱祖国、无私奉献，自力更生、艰苦奋斗，大力协同、勇于登攀”的“两弹一星”精神。

求学报国

邓稼先1924年6月25日出生于安徽省怀宁县一个书香门第，清代大书法家邓石如是其六世祖，父亲邓以蛰先后留学日本早稻田大学、美国哥伦比亚大学，回国后执教于北京大学、清华大学等高校，是著名美学家和艺术理论家。邓以蛰为儿子取名“稼先”寓意在于：禾之秀实曰“稼”，预示着根植、秀实和成熟于中华大地，并造福民众。从5岁起，邓稼先就跟着父亲在北平读小学，后考入北平崇德中学。除小学课程外，还要读四书五经，每天背诵古诗词，后来又苦读英文，专攻数学。父亲的严格教育为邓稼先以后学习研究打下了全面的文化基础。

卢沟桥事变后，日本侵略者强迫中国学生举旗上街庆祝“皇军”的胜利，正在读高中的邓稼先怒不可遏，将日本国旗扯碎，踩到脚下。父亲担心邓稼先遭到迫害，安排他前往昆明，临行时叮嘱：“一定要学科学，不要像我这样，不要学文。学科学对国家有用。”邓稼先牢记父亲嘱托，立志科学报国。1941年，他考入西南联合大学物理系，受业于王竹溪、郑华炽等知名教授。在大师云集的学术环境中，在“千秋耻，终当雪，中兴业，须人杰”的激昂校歌声中，邓稼先在学术上、思想上都获益匪浅。1945年大学毕业后他到昆明市文正中学、培文中学教数学，并参加了共产党的外围组织“民青”，投身民主运动，反对国民党的独裁统治。1946年夏，他受聘任北京大学物理系助教，同时任北大教职工联合会主席。

邓稼先为实现科技强国的夙愿，考取了留美研究生，1948年10月赴美国普渡大学物理系深造。他表示：“将来祖国建设需要人才，我学成一定回来。”由于邓稼先的天赋和勤奋，不到两年他就修满学分并通过论文答辩，获得博士学位9天后，即登上“威尔逊总统号”轮船，回到了祖国的怀抱。他服从组织安排，来到刚成立的中国科学院近代物理研究所，从事原子核理论研究。他以满腔热忱投入工作，为中国核理论研究做了开拓性的工作，并于1956年光荣加入中国共产党。

以身许国

“以身许国，何事不可为？以身许国，何事不敢为？”为了祖国的强盛，为了中国国防科研事业的发展，邓稼先以身许国，决心为国家奉献自己的一切，“干惊天动地事，做隐姓埋名人”。1958年8月的一天，钱三强找到邓稼先，说“国家要放一个‘大炮仗’”，问他是否愿意参加这项必须严格保密的工作。邓稼先深知这个“大炮仗”意味着什么，刚满34岁的他欣然接受了这个光荣任务，出任第二机械工业部第九研究院理论部主任。在接受研制核弹历史重任的那天夜晚，他对妻子许鹿希说：“以后家里的事我就不能管了，我的生命就献给未来的工作了。做好了这件事，我这一生就过得很有意义，就是为了它死了也值得！”他成为中国第一颗原子弹的理论设计负责人，他对年轻大学生动员说，干这个工作，就要甘心当无名英雄，一没有名，二没有利，还要吃苦；科学成果也不能发表论文。

此后28年间，邓稼先深藏身与名，全身心投入核武器的研制，过着苦行僧般的生活，要么在科研院所里耗尽心血，要么冒着酷暑严寒到蓬断草枯飞沙走石的大漠戈壁，他东奔西走，风餐露宿，在试验场上度过了整整十年的时光。大漠的风刀霜剑染白了他的鬓发，岁月的车轮碾过戈壁，也在他的脸上留下了深深的印痕。

邓稼先虽然长期担任核试验的领导工作，但他总是在最关键的时候出现在第一线，身先士卒，奋不顾身，勇担风险。在我国进行的前32次核试验中，他一共指挥了15次。在核武器插雷管、铀球加工等危险时刻，邓稼先一直坚持与操作人员一起工作。这种不怕牺牲不惧风险的大无畏精神，深深地感染了每一位科研人员。1979年的一次氢弹试验中，飞机空投下氢弹，降落伞却没有打开，氢弹从高空直接摔到了地上。正在现场指挥的时任九院院长邓稼先不顾阻拦，“你们谁也不要去，这是我做的，我知道。你们去了也是白受污染”。他冲进试验场，希望第一时间找到原因。他明白弹头里装的钚-239的辐射有多厉害，但他也知道，这一颗弹头的造价有多高，国家投入有多少。他心里没有自身安危，只有国家利益，把国家的事业看得比自己的生命更重要。

身为医学教授的妻子知道他“抱”了摔裂的氢弹，在邓稼先回北京时强拉他去检查。结果发现几乎所有的化验指标都不正常，他的尿液中带有放射性物质，白细胞内染色体已经呈粉末状。但邓稼先仍坚持工作，又回到基地继续指挥核武器试验。

铸剑护国

贫穷，没有限制他的想象力。封锁，也没有限制他为国防未来布局的战略眼光。邓稼先确立了“一不为名，二不为利，但工作目标要奔世界先进水平”的信念和目标。

解决理论计算数据问题是进行核弹爆轰试验的前提。1959年6月，苏联政府单方面撕毁了中苏双方签订的关于国防新技术的协定，拒绝向中国提供原子弹样品和生产原子弹的技术资料，并断言“离开外界的帮助，中国20年也搞不出来原子弹！”在没有资料、缺乏试验条件、自然环境恶劣的情况下，邓稼先发扬独立自主、自力更生、艰苦奋斗、发愤图强的精神，挑起了探索原子弹理论的重任。原二机部部长刘杰曾打过一个比方：“中国研制核武器的龙头在二机部，二机部的龙头在九院，九院的龙头在理论部。”邓稼先可以说是中国原子弹理论设计的“龙头”。邓稼先选定了中子物理、流体力学和高温高压下的物质性质三个方面作为主攻方向，与其他年轻科研人员一起运用手摇和电动计算机、算盘和钢笔等原始的工具进行夜以继日的繁重数学计算。选对主攻方向，使“龙头”昂起来，是邓稼先为中国原子弹理论设计工作作出的最重要贡献。

“吾心信其可行，则移山填海之难，终有成功之日。”1962年9月，邓稼先领导完成的原子弹理论设计方案，解决了中国原子弹试验成功的关键性难题，被数学家华罗庚称为“集世界数学难题之大成”的成果。两年后的1964年10月16日，中国第一颗原子弹爆炸成功，举国为之欢庆，举世为之瞩目。随后，他又投入氢弹的研制工作中。按照他和于敏提出的方案，中国第一颗氢弹在1967年6月17日爆炸成功。邓稼先总结了百位科学家的研究成果，和周光召合写了《我国第一颗原子弹理论研究总结》，这是一部核武器理论设计的开创性著作，不仅对以后的理论设计发挥着指导作用，而且还是培养科研人员入门的教科书。

中国能在如此短的时间和条件如此差的情况下研制成“两弹一星”，很多人感到不可思议，质疑是不是在外国科学家的帮助下研制的。1971年8月，当杨振宁从邓稼先来信得知“无论是原子弹，还是氢弹，都是中国人自己研制的，没有任何外国人参加”时，他一时无法控制震撼感动的心情，顿时热泪盈眶，可谓“忽报人间曾伏虎，泪飞顿作倾盆雨”。

丹心耀国

爱因斯坦在评价居里夫人时说：“第一流人物对于时代和历史进程的意义，在其道德品质方面，也许比单纯的才智成就方面还要大。”这个评价也同样适合邓稼先。

邓稼先为人忠诚纯正、作风民主、讷言敏行、怀素抱朴，“是最具有农民朴实气质的科学家”。邓稼先作风民主，他担任领导职务，但从不以领导者自居，让同志们称其为“老邓”，善于倾听别人的意见，关心青年的成长和提高，培养和带领出一支有高度事业心、作风严谨、团结协作、勇于攻关的科技队伍。邓稼先谦虚低调，“核武器事业是成千上万人的努力才取得成功的，我只不过做了一小部分应该做的工作”。邓稼先淡泊名利，为了祖国和人民的利益殚精竭虑、鞠躬尽瘁，在生活上却从无要求，廉于取名，菲于奉身。邓稼先朴实无华，平时穿一套灰色咔叽布的中山装，每天骑着自行车上下班，给他配的专车，除了工作需要，从不使用。

长期从事核试验工作，使邓稼先的身体受到严重辐射。1985年7月，他被检查出患了直肠癌，他平静地说：“我知道这一天会来的，但没想到它来得这样快。”他进了医院，再也没能走出来，住院363天，动了3次手术，一直疼痛不止。即使这样，在生命的最后时光，占据邓稼先脑海全部的仍然是中国的核事业，忍着病痛和核物理学家于敏共同书写了《中国核武器发展规划建议书》，赶在全面禁止核试验之前，使中国的核武器发展达到了实验室模拟水平。临终前，邓稼先的最后一句话是：“不要让人家把我们落得太远。”1986年7月29日，积劳成疾的邓稼先被癌症夺去生命。在生命最后一个月里，他28年的秘密经历才得以披露。

“亦余心之所善兮，虽九死其犹未悔。”邓稼先具有纵死不悔的抉择和对祖国无限忠诚的情怀：“选择了核武器，就意味着选择了牺牲和付出。可是，我对自己的选择，终生无悔。”“假如生命终结之后能够再生，那么，我仍选择中国，选择核事业。”

“高山安可仰，徒此揖清芬。”邓稼先“生如闪电之耀亮”，他将对父母、妻子和儿女的爱化为对国家和民族的大爱。邓稼先所代表的科学家精神已熔铸为中华文化的组成部分。他的不朽英名，将永远闪耀在历史的天空；他的卓越功勋，将永远铭记在人民心中；他的崇高品德，将永远激励科研人员不懈奋斗。

（黄　涛）

杨南生：我的爱人科学家

人物简介

杨南生（1921年12月29日—2013年3月5日），福建海澄人，我国探空火箭和固体火箭发动机事业的开拓者和奠基人之一，著名航天专家。1943年7月毕业于西南联合大学机械工程系，1947年10月赴英国曼彻斯特大学攻读机械专业博士学位，1950年10月回国参加革命工作，1956年9月加入中国共产党。杨南生先后任国防部五院四分院副院长，七机部四院副院长兼总工程师，航天部四院科技委主任、技术顾问，航空航天部、航天工业总公司、中国航天科技集团公司科技委顾问等职务。杨南生是第五、第六届全国人大代表，中国共产党第十次全国代表大会代表。先后荣获全国科学大会先进个人奖、航天部一等功、国防科工委“献身国防科技事业”荣誉证章等荣誉。1985年获国家科技进步奖特等奖，同年当选国际宇航科学院院士。

2009年，中华人民共和国成立60周年大庆，我在天安门观礼台采访。

当第二炮兵（后改称火箭军）方阵簇拥着中国最新战略导弹出场时，广场上瞬间沸腾。我身边一群应邀从海外回国参加国庆观礼的中国留学生，边跳边喊："祖国，我骄傲！……"

那一刻，我的心越过天安门，飞到一个人身上。

他是一个科学家，一辈子研究固体火箭。作为新中国第一批回归的海外留学生，他1950年从英国回来，后带着周恩来总理签署的任命书，从上海去了荒无人烟的内蒙古戈壁，率领一支年轻的固体火箭队伍，创造了中国固体火箭事业的传奇。他被誉为中国固体火箭事业的奠基者、领军者；他是中国最早当选国际宇航科学院院士的科学家之一。

这个人就是我长大以后，在这个世界上找到的爱人杨南生。

耄耋之年的他，依旧满怀着一生的痴爱。知道我在天安门采访，会看到期待中的导弹方阵，他像小孩子一样兴奋："你能看到那些宝贝，我真高兴！我一辈子的努力就是为了这一天！"

冲天第一炮

我是1984年采访全国两会时认识杨南生的。

我曾跟随《杨南生传》的作者伏萍走访了杨南生为中国航天奋斗过的每一个地方，知道了对于我们国家、对于这个世界来说，他是谁。

杨南生是1950年迎着新中国的五星红旗，冲破重重阻挠从英国获得博士学位后回到祖国的第一批海外留学生。他先是在长春第一汽车制造厂，参与研制生产出中国第一辆解放牌汽车，之后调入中科院力学所。这期间，他加入了中国共产党，成为最早一批加入党组织的归国专家。

1960年，杨南生奉命从北京调往上海新组建的中科院上海机电设计院，任副院长（院长空缺）兼总工程师，他的任务是设计试验小型的探空火箭，为卫星上天探路。

杨南生白天主持开展各项设计试验，晚上给技术人员开设基础课，其中英语、塑性力学是他讲授的主课。塑性力学是他在英国留学时主攻的学科，这门学科对火箭等高精尖端科研领域有十分重要的价值。每堂课前他都详尽地写出讲义，刻印出来，发给每个人，最后结集成25万多字的塑性力学专著。

1960年2月19日，中国自行设计制造的T-7M试验型液体探空火箭，在上海南汇老港的东海滩涂发射场用手摇卷扬机高高竖起；一台借来的50千瓦发电机放在地上，四周用芦苇一围，顶上再盖一张油布，变成了发电站；加注火箭推进剂时，没有专用加注设备，就用自行车的打气筒作为压力源；没有跟踪火箭用的自动遥测定向天线，几个人就用手不停地转动天线；发射总指挥杨南生下达命令时，没有步话机，没有扩音器，就靠挥动手臂打哑语，扯着嗓门儿喊。

随着“发射”一声令下，火箭成功地飞上了碧蓝的天空！

这枚火箭只飞行了8千米，却把新中国的太空梦推向了云端。

1960年5月28日晚上，毛泽东来到上海新技术展览会，观看了T-7M火箭。他微笑着问：“这家伙能飞多高？”

“8公里。”一旁的人回答。

毛泽东笑了，举起手中的产品说明书使劲挥了挥说：“了不起呀，8公里也了不起！我们就是要这样，8公里、20公里、200公里地搞下去！”

闯开固体火箭的大门

1964年6月，杨南生接到周恩来总理签署的编号为64422的任命书：任命杨南生为国防部第五研究院四分院副院长。

内蒙古四分院即后来的航天部第四研究院，是当时唯一担负固体火箭发动机研制工作的研究院，它的成立是严峻国际形势下的临危受命。当时固体导弹是苏美等超级大国武器装备上的“王牌”。他们已相继研制出系列固体战略导弹及固体运载火箭，布控在中国的周边。同

本文作者与杨南生

时，固体火箭技术是他们对中国严密封锁的“禁区”。要打破苏美大国的威慑，中国必须搞出固体导弹。钱学森在国防部一次会议上指出：“固体发动机是方向，我国要搞洲际导弹，一定要把大型固体发动机研制出来。”

研究院孕育的第一个“婴儿”，是直径300毫米的固体发动机。

固体燃料发动机一直是一个世界难题。杨南生想办法找到了荷兰爱思唯尔公司1960年出版的一本《火箭推进》原版专业著作，在这本厚厚的上百万字的论著中，寻找有关固体火箭技术的每一点蛛丝马迹。

很多人在杨南生手上看到过这本书，但没人能看得懂。他在这本书的封面上贴了一张小标签，上面写着两个字“天书”。

他每天熬夜攻读，宿舍里的灯光在凌晨1点前从来没熄过。每有一点收获，他就记下来，分门别类写在小卡片上，第二天找有关技术人员会同研究。这部“天书”成为他和他的队伍在黑暗中向前一步一步探索的灯光，虽然微弱，但极其珍贵。一位“老固体”说：杨先生就是凭着这本“天书”，带着我们闯出了固体探索的黑暗时期。

固体火箭的第一大拦路虎是推进剂不稳定燃烧；第二大拦路虎是药柱裂纹；第三大拦路虎是脱粘。这些在今天的航天人眼里完全不是问题的技术名词，却是杨南生那一代人以其年复一年的探索奋斗乃至冒着生命的危险攻克下来的。

一位“老航天”感言：“杨先生的科学头脑是我们科研中的定海神针！”

杨南生不仅有一个学者的头脑，还有一颗战士的心。

浇铸车间的一位老工人回忆道：“在解决脱粘问题的过程中，每一次试验操作，杨院长都要到现场和我们一起干。其中浇铸是最关键的一步，也是试验最危险的环节。为了能把握浇铸的可靠性，他总是站在浇铸台旁边指挥，有一次甚至自己跳上浇铸台拿着搅拌棍搅拌，被我们强行拉了下来。看到杨院长这股劲，我们工人真是感动，人人都往前冲。一是杨院长都拼命了，我们还怕啥？二是我们信得过他，啥也不怕！”

1965年7月，杨南生任队长，率领着20多人的试验队，带着300毫米固体发动机配制成的试验飞弹，开赴酒泉试验基地。1发、2发、3发……他们先后分两批打了6发弹，全部成功。

“胜利了！胜利了！”杨南生和大家抱在一起，兴奋得嗓子都喊哑了。

中国固体火箭的“头生子”——300毫米固体发动机的诞生，标志着中国固体火箭事业完成了从无到有的历史性突破，标志着中国航天事业迈出了具有重大意义的一步，它是固体火箭事业乃至航天事业的一座里程碑。它向世界昭告：中国从此有研制固体火箭的能力了！

钱学森出席四院工作会议时，兴奋地说：“你们自力更生，不经仿制，短短几年就获得很大成功。这是很了不起的，是中华民族的骄傲！”

为“东方红一号”而战

1967年初，四院接受了国家工程任务——为发射中国第一颗人造地球卫星“东方红一号”的长征运载火箭研制第三级发动机。“东方红一号”卫星计划代号为“651”工程，四院成立了以杨南生为总指挥的“651”工程领导小组。这一年，为“东方红一号”上天准备的直径770毫米的实用型固体发动机的研制工作全面开启。

那年春寒料峭，人们看到杨南生提着个行李箱从机关工作区住进了生产厂区的一间办公室。他说，这样可以省了每天来回跑路的时间，晚上还可以到基层去。

冬天的内蒙古戈壁滩，滴水成冰，白毛风、刀子风此起彼伏，碰上沙尘暴那就像一堵移动的城墙。杨南生骑着一辆破自行车，穿着一件旧军大衣，戴着一顶自己缝制的狗皮帽子，每天从早到晚顶着风沙奔波在各生产车间、研究所、试验站之间。

试验站是杨南生去的最多的地方。那时内蒙古的试验站完全没有一丁点儿现代化的设施，既没有先进的录像设备，也没有观察室，试验场所不过就是在地面上建一个土台子，防护掩体就是与土台子3米之隔的一道水泥墙，墙上有一个镶着防爆玻璃的窗口，是为安装摄像机用的，从来没有人站在这里观察过，因为一旦发生爆炸，试车台周围几百米都可能被炸飞。

但杨南生是个例外。每一次试验，他一定要扑在这个距离发动机只有几步之遥的窗口前，隔着一层防爆玻璃观察发动机从点火到燃烧的全部过程。负责安全保卫的工作人员每次都阻止，不准他靠近，多次向他提出“警告”。他总是带着歉意诚恳地说：“只有亲眼看到从点火到燃烧的全过程，我才能准确掌握试验中发动机的状态与可靠性。即使失败了，我也能清楚失败在哪一个环节上。不然，我们怎么在失败中往前进呢？”

那一年，一台发动机头部位置发现药柱裂纹，杨南生决定挖药修补发动机，就是把出现裂纹的药柱挖出来，重新补药。在发动机里挖药，无异于在老虎嘴里拔牙。杨南生召开会议讨论，他说：“我们的大胆来自大量的科学实验，这的确是一步险棋，但国家急需，值得出手一试。”

挖药现场，杨南生不顾人们阻拦，坚持和“敢死队”队员一起轮番钻进发动机操作。两天两夜，18个人日夜奋战，裂纹处的药终于全部挖出，同时重新补药、固化，最后发动机试车成功。

那年寒冬，杨南生日夜奔波，右腿因坐骨神经痛，不能走路。他就用右脚踩着自行车的脚镫子，用左脚在地上一下一下划拉着溜车前行，就这样依然四处奔波。内蒙古戈壁大青山的荒漠中，杨南生单腿蹬自行车的画面成为研究院一代人的记忆。人们称他为“沙漠走单骑”。后来，杨南生的另一条腿也不听使唤了，他就让人用一辆排子车拉着他去需要去的地方。

三年艰苦卓绝，终于迎来曙光。

1970年3月27日，杨南生率领四院发射队，到达酒泉基地，参加“东方红一号”卫星发射。

4月14日，钱学森率领发射基地负责人李福泽、杨国宇，火箭研制负责人任新民、杨南生、戚发轫等，乘专机到达北京人民大会堂，连夜向周恩来总理等中央领导同志汇报卫星发射前的各项测试情况。

汇报从晚上7点一直进行到午夜12点。

会后，任新民、杨南生、戚发轫被送到国防部大楼，赶写各自部分的报告。他们要向党中央签署军令状。

杨南生很多年后回忆，他握着笔，感觉千钧重。

他一夜未眠。当他终于在报告末尾郑重地签下“杨南生”三个字时，窗外已是东方破晓。

1970年4月24日，共和国第一颗人造地球卫星“东方红一号”轰然飞上太空，第三级发动机的最后一推，把卫星准确送入预定轨道，《东方红》乐曲传遍全球。

中国航天时代的大幕从此拉开。

“巨浪一号”逞英豪

“东方红一号”卫星成功发射的前夕，国防部即向第四研究院正式下达了研制中程固体潜地导弹的任务，也就是后来如雷贯耳的“巨浪一号”。等待杨南生的，是更艰难的挑战。对潜地导弹战术技术总体方案的设计，是杨南生要攻克的第一关。

他带领技术人员，日夜不停地讨论、研究、论证，设计图纸堆积如山，最终拿出了一份科学、严谨、周密的技术设计方案。杨南生审核后，签上名字，方案正式生效实施。推送导弹的发动机是杨南生要攻克的第二关，也是“巨浪一号”的灵魂。

总体方案确定了“巨浪一号”采用两级直径均为1400毫米的固体发动机结构。这两级发动机不但要采用新型复合推进剂，而且要采用一系列复杂的控制系统装置，涉及当时国际上的很多新技术，难度很大。既没有预研成果，更没有可借鉴的图样，是再一次白手起家。

当年的工程师程崇汉回忆道：核潜艇下水时间迫近，但是几次试车发动机都从尾部穿火而告失败。杨副院长把我们几个从事绝热、包复的同志叫到动力站试车现场。发动机刚从试车台卸下不久，仍有余温。杨副院长首先钻进发动机壳体里面去，我们也随他钻进去，壳体里很热，气味很是难闻。绝热、包复层燃烧后的余胶粘得身上、脚上一团黑。杨副院长由于年岁大，行动不便，粘得更多。他给我们讲解试验为什么失败，绝热、包复的薄弱部位在何处。他又用商讨的口吻引导我们，绝热、包复的缺陷应该如何解决，采取什么技术措施。最终我们的导弹武器按时交付，它无比自豪地昂首从太平洋飞上蓝天，这是我们共和国的一大骄傲，其中浸透了杨副院长的多少心血和智慧啊！

从春到夏，从秋到冬，杨南生和他的队伍历经无数坎坷艰难，“巨浪一号”两级发动机终于试验成功。

1982年，“巨浪一号”——中国第一枚潜地导弹，终于进入水下发射试验阶段，取得圆满成功。

为新型战略导弹做预研

之后，杨南生告别塞外基地，再一次隐姓埋名，扎进秦岭深山，为中国新一代战略导弹开始了历时10年的科学预研。

对未知的新技术一向保持高度敏感与兴趣的杨南生，目光始终紧紧地瞄在世界固体技术发展的前沿，千方百计尽一切可能得到专业外文期刊、著作，随时研判和锁定固体技术发展的最新方向。

杨南生有一句名言："技术指挥员不读专业外文期刊，就像党委书记不读《人民日报》一样！"

作为一名技术领导者，杨南生带领着这支尖刀兵，在秦岭深处再次创下一个又一个让世界为之侧目的辉煌。

——他们成功研制出中国第一个远地点发动机，并创造了这一发动机在多次发射中至今无一失败的世界航天史纪录。

——他们成功研制出中国第一个返回式卫星制动机，使中国成为继美国之后世界上第二个掌握卫星回收技术的国家。

——他们成功完成了新型战略导弹的一系列预研工作，实现了"三年三大步"，三年搞出三个大发动机，先后攻克了玻璃钢复合材料壳体、柔性全轴摆动喷管、新型材料喉衬等一系列大型发动机的新技术难关。

1983年12月25日，新型试验导弹直径2000毫米的金属壳体和玻璃纤维缠绕壳体综合试验发动机相继试车，双双获得圆满成功。

党中央、国务院、中央军委就此向四院发来贺信，指出：这一成功，标志着我国固体火箭推进技术进入了一个新的阶段，为研制性能精良的第二代固体火箭奠定了坚实的技术基础。

正是基于这一坚实的基础，之后不久，1984年10月1日，中国"东风五号"洲际导弹在国庆大典上第一次亮相，之后几年陆续推出东风-31、东风-41、"巨浪二号"等一系列新型战略导弹。中国有了不怕任何恐吓威胁的底气。

“我为自己是一个对国家有用的人而自豪”

1985年10月，在国际宇航联合会（IAF）第三十六届大会上，杨南生作为第一批中国科学家当选国际宇航科学院院士。

2012年，航天固体动力事业创建及四院建院50周年之际，杨南生以最高票数当选航天固体动力事业及四院“十大感动人物”。

为什么每一个走近他的人都会喜爱上他？因为他始终裸露着一颗赤子之心。

研究院上上下下老老少少都爱戴和尊敬这位阳光、快乐的大专家。

杨南生尤令人敬重的，是他对于宠辱的云淡风轻，从不计较个人得失，总是将善意给予他人。

“东方红一号”卫星上天后，上面指示内蒙古基地派一名代表去北京天安门城楼接受国家领导人接见。基地所有人都认为这个代表非杨南生莫属，可最终派了一位工人出身的技术员。那位技术员从北京回来后，见到杨南生，激动而又不安地说：“杨院长，我很惭愧，这个荣誉应该是你的啊！”

杨南生紧紧地握着他的手说：“你代表我们四院每一个人，你的荣誉是我们共同的荣誉。今天，我也从你的手中分享这份喜悦！”

一位在杨南生手下工作过多年的老工程师说：“杨院长最让我敬佩的，是他作为一个科学家的纯粹，脑子里从来没有一丁点儿为个人的杂念和精明。很多人做了成绩就想到好好总结上报，捞个什么荣誉，而他脑子里压根没这根弦。不少搞技术的人，是通过技术达到权力、名利、利益，而他是把科学技术强大国家作为理想而奋斗的人！”

杨南生从西南联大毕业后考取了最后一批“庚子赔款留学生”，他即是抱定了将来一定要学成归国，以实业报国，以科学振兴国家的决心。在英国以优异成绩拿到博士学位后，杨南生坚决婉辞了学校的挽留，回到刚刚成立的新中国的怀抱，怀着对祖国深厚的热爱投身新中国的科研事业，一生隐姓埋名，奋战在戈壁沙滩深山老林，为中国的固体火箭事业从无到有、从小到大、从弱到强奉献了毕生的智慧与生命。

杨南生常对我说："我为自己是一个对国家有用的人而自豪。"他在晚年的笔记中写下最多最深重的话语就是"永葆赤子之心"。

（张严平）

赵忠尧："大师们的老师"

人物简介

赵忠尧（1902年6月27日—1998年5月28日），浙江诸暨人，著名核物理学家，中国科学院学部委员（院士），我国近代物理学的先驱。1925年毕业于东南大学，1927年赴美留学，1930年获美国加州理工学院博士学位。回国后先后在清华大学、云南大学、西南联合大学、国立中央大学任教。1946年赴美参观原子弹试爆试验，并留美购置核物理实验设备和其他科研器材。1950年回国，在中国科学院刚创建的近代物理所工作，主持建立我国第一个核物理实验室。1958年起兼任中国科学技术大学近代物理系主任，主持创办国内第一个近代物理系。1973年后任中国科学院高能物理研究所副所长。1995年获得何梁何利基金科学与技术进步奖。

赵忠尧是我国原子核物理、中子物理、加速器和宇宙线研究的先驱者和奠基人之一。他以毕生精力从事科学和教育事业，悉心培养了我国几代科技人才，正如诺贝尔奖获得者李政道所言：凡是从20世纪30年代到20世纪末在国内成长的物理学家，都是经过赵老师的培养，受过赵老师的教育和启发的。赵忠尧为发展我国核物理和高能物理研究事业，为培养我国原子能事业、核物理和高能物理的实验研究人才作出了重大贡献。

来自中国的年轻人作出"诺奖级"的成就

1902年6月27日，赵忠尧出生于浙江诸暨一个衰落的大家族中。父亲赵继和以行医为生，为人耿直，对国家积贫积弱的局面痛心疾首，对社会贫富不均的现象义愤填膺，但限于自身文化水平有限，只能把希望寄托在子女身上。赵忠尧一辈子谨记父亲教诲，在人生的每一个关口都义无反顾地将国家和人民的需要放在首位。

1927年冬，赵忠尧进入美国加州理工学院研究生部，师从该校校长、诺贝尔奖获得者密立根教授。在博士论文选题环节，赵忠尧一门心思想多学技术，经过一番"讨价还价"，冒着惹怒密立根的风险，拿到了一个颇具挑战性的实验题目。经过一年多夜以继日的刻苦研究，赵忠尧发现了硬 γ 射线在通过重物质时产生的反常吸收和特殊辐射，并将这一重大发现写成两篇论文，于1930年5月、10月先后公开发表。这实际上是正负电子对的产生和湮灭过程的最早实验证据。赵忠尧对世界物理学的发展作出了划时代的贡献。然而，当1936年瑞典皇家科学院对正电子的发现授奖时，赵忠尧却榜上无名。时任诺贝尔物理学奖委员会主任的爱克斯朋在大半个世纪后回忆说，当时评审会确有讨论到赵忠尧在这项重大发现中所做的工作，却因另外两位学者在重复该实验时得出的错误结果以及一篇著名论文中对赵忠尧论文发表时间的引述错误，而对赵忠尧的开创性贡献存疑。回顾往昔，爱克斯朋坦言，这是一个"很令人不安的、没法再弥补的疏漏""赵忠尧在世界物理学家心中是实实在在的诺贝尔奖得主！"

1931年秋，在德国前往英国访问的途中，赵忠尧得知中国发生了九一八事变，心中焦虑，决心尽快回国，"尽一切可能探索为国效劳的道路”。当时中国的核物理研究还是一片空白，赵忠尧回到清华大学物理系当教授，开设了中国第一门核物理课程，组织建立了中国第一个核物理实验室，在极为简陋的条件下进行了一系列研究工作，培养出钱三强、何泽慧、王大珩等中国物理学界的栋梁。除教学科研外，赵忠尧还日夜苦思，尝试了科学救国、平民教育、工业救国等多种救国道路。在他看来，只要是能让国家富强的事，他都愿意尽力去做。著名的“中华牌”铅笔最初就是源于赵忠尧等人集资创办的“长城牌”铅笔厂。1937年七七事变后，赵忠尧不愿在日本人占领的地方做事，率先离开了北京，先后在云南大学、西南联大、国立中央大学任教。赵忠尧学问精深，加之备课一丝不苟，讲课态度认真，给学生留下了深刻的印象。

肩负重任再次赴美，历尽磨难回到祖国

1946年6月，赵忠尧作为中国物理学家的唯一代表，到现场观摩了美国在太平洋的原子弹试爆试验。赵忠尧此行还肩负了解核物理研究最新进展并设法购买核物理实验设备的重要任务。

粒子加速器是最基本的核物理实验设备。由于经费极度紧张和美国严格的技术出口限制，唯一可行的办法只能是自行设计一台静电加速器。为了研制加速器，赵忠尧放弃了原本感兴趣且擅长的核物理实验研究，转而全身心地投入工程技术的钻研中。当时有很多人不解，有人嘲笑他是“傻瓜”，把时间用在不出成果的事上；也有好心人劝他，“加速器不是你的本行，干什么白白地耗费自己的时间精力呢？”对于旁人的嘲讽和朋友的忠告，赵忠尧并非听不懂，但是他却不能认同。失去几年搞科研的宝贵机会固然可惜，但赵忠尧更为自己把精力用在了对祖国科学发展最有益的事情上而感到安慰！

1949年10月1日，新中国宣告成立。赵忠尧欢欣鼓舞，立马着手做回国准备。此时中美的直接通航已经中断，只能取道香港。经过5个

月的努力，赵忠尧终于登上了著名的"威尔逊总统号"，从洛杉矶启程回国。跟他同行的还有邓稼先、叶笃正等100多位中国留美学者。谁知他们前脚刚上船，美国联邦调查局特工后脚就到，以违反出口法为由扣留了一批赵忠尧所带的公开出版的物理书刊，赵忠尧本人因为提前把重要器材都托运回国而得以脱身。然而这一路的波折还远未结束。美方在放走赵忠尧的当天就后悔了，美军最高司令部连发三道追截令，要把赵忠尧拦下来。船经过日本横滨时，美军武装人员气势汹汹地冲上船，把赵忠尧、罗时钧和沈善炯一同关押进了美军在日本的巢鸭军事监狱。美军无理扣押中国科学家的消息，引起国际舆论高度关注，不仅中国掀起了谴责美国政府暴行、营救赵忠尧等3人的巨大浪潮，美国科学界也提出严厉质问和强烈抗议。1950年底，冲破重重阻挠的赵忠尧终于回到他日思夜想的祖国。新华社、《人民日报》等各大媒体都刊发了专题报道和专访文章，高度评价赵忠尧的爱国主义精神。1951年1月，赵忠尧抵达北京，中国科学院院长郭沫若主持了欢迎宴会，李四光、竺可桢、吴有训、裴文中、钱三强等数十名著名科学家参加。赵忠尧在会上动情地说：感到祖国一切都是新的，又受到了热烈的欢迎。自己向来未曾经过大的场面，又惭愧没有为人民做过多少事情，心情很是兴奋与不安，只想尽快投入具体的工作中去，为新中国的科学发展出力。

矢志不渝为国效力，终成"一代宗师"

赵忠尧回国之后，立即投入发展加速器技术和培养相关人才的工作之中。在他的带领下，中国的第一个核物理实验室建立了，中国第一台静电加速器建成了，中国科学技术大学的近代物理系诞生了；在他的培养和指导下，一大批优秀人才脱颖而出、迅速成长。他把握方向而不包办一切，放手让年轻人去干，培养他们的独立工作能力；他平易近人，总是不厌其烦地答疑解惑，同时严格要求，督促青年成长；他为人正直、忠厚、淳朴，又有一股“拧劲儿”，对于认定的事情坚定不移。

1992年6月，“赵忠尧教授九十寿辰庆祝大会”在中国科学院高能物理所学术报告厅隆重举行。海内外著名科学家、各界人士以及赵忠尧六代学生代表共几百人到会祝贺。“风华海外回报故里，桃李不言，下自成蹊”。23名“两弹一星”功勋中有8位是他的学生，诺贝尔奖获得者李政道与杨振宁都曾受教于他。1995年，赵忠尧获得何梁何利基金科学与技术进步奖。他将奖金全部捐献给他曾就读、任教过的5所大学，激励后人继续为祖国的繁荣富强不懈奋斗。2002年是赵忠尧先生诞辰100周年，叶铭汉院士在纪念会贺电中称赞赵先生“培养了我国几代核物理、粒子物理学家，是‘两弹一星’元勋王淦昌、赵九章、彭桓武、钱三强、王大珩、陈芳允、朱光亚、邓稼先的老师”。著名物理学家钱伟长也深情地说：我的老师赵忠尧教授是中国原子能之父，王淦昌、钱三强等都是他的学生……只有这样的爱国老师才能培养出那么多优秀人才。正因为他深爱祖国，所以甘愿放弃有名有位的物理研究转而埋头枯燥无味的工程技术，毅然放弃在美大好工作机会而在归国途中受尽磨难，即使是在最困难的时期仍旧怀有最赤诚执着的信念；正因为他忠于科学，所以一生坚持实事求是的原则。他从不把工作建立在热情的幻想上，而是力求一点一滴的实际进步，进实验室和看文献是他一辈子朴素的乐趣。

赵忠尧将生命中最闪亮的篇章汇入了祖国的壮丽事业。在他归国10多年后，我国自制的原子弹试爆成功，中国作为一个大国的地位从此确立。在赵忠尧先生90岁高龄时，他写了一篇不长的自传，题目是《我的回忆》。文中写道：回想自己一生，经历过许多坎坷，唯一希望的就是祖国繁荣昌盛，科学发达。我们已经尽了自己的力量。这平淡却高尚的话语，正是赵忠尧一生爱国情怀的真实写照。

（蔡青竹）

王志均：为祖国生理学事业奋斗成就“终身大事”

人物简介

王志均（1910年8月3日—2000年12月24日），山西昔阳人，著名生理学家和医学教育家。1936年毕业于清华大学生物系。1946年赴美国芝加哥伊利诺伊大学医学院研究生院留学，1950年获哲学博士学位。1953年开始受聘为北京医学院教授，曾担任北京医学院基础医学研究所所长、《生理科学进展》杂志主编、中国生理学会理事长等职。1980年当选为中国科学院学部委员（院士），1986年、1987年、1993年三次荣获卫生部科技成果进步奖。

89岁时，王志均院士回顾一生以诗明志：“淡泊名利终一生，灯红酒绿似烟云。忠诚勤奋思报国，清廉朴素教儿孙。但求正直无私意，不做趋炎附势人。此生来日无多也，白鹤黄鹄任我乘。”这就是他光辉一生的写照。

百般阻挠难挡赤胆忠心

“我出身于一个劳动人民家庭，是由中国人民的血汗养育大的。我家穷，我爱我的心地善良、勤劳一生的父母；我的国家穷，我爱我的有着几千年文化的祖国。”王志均出生于1910年，清王朝行将覆灭，政治腐败，列强环伺，整个社会哀鸿遍野，民不聊生。年幼之时，他目睹了中国人民的悲惨境遇，从那时起学以报国的种子便在他的心中生根发芽。“国耻，可以使一些意志薄弱者灰心丧气，也可以激发志士仁人的爱国热情。”王志均显然是有凌云之志之人，家国情怀在他身上体现得尤为强烈。面对中国与世界的差距，他深刻地认识到只有学习先进的科学技术才能挽救国家和人民于水火之中。

1932年，凭借扎实的文史功底和丰富的知识储备，王志均顺利成为清华大学生物系的一员。四年苦读毕业后，留校担任了赵以炳先生的第一任助教，随后又转到驰名中外的协和医学院生理系进修，师从中国生理学的奠基人林可胜先生。林老一向对弟子严格要求，几经磨砺，他逐渐成为一个经过严格和正规训练的“科班”出身的生理学工作者，打下了一生从事生理学科研和教学的扎实基础。但日本的侵略使中华民族陷入巨大灾难之中。1939年夏，王志均带着两套生理仪器，长途跋涉转移至抗日大后方，在昆明、贵阳、重庆等地的医学院继续任教。

抗战的艰苦更加坚定了王志均科学救国的决心。第二次世界大战结束后他赴美攻读博士学位，跟随伊利诺伊大学医学院著名消化生理学家艾维教授从事胰腺分泌研究。面对这一难题，很多专家望而却步，王志均则迎难而上，在经历七次失败之后，终于发现了移植大块胰腺的实验方法，并在此基础上比较了蛋白质（氨基酸）、脂肪与碳水化合物对胰脏两激素——促胰液素和促胰酶素释放的影响。可以说，这一重大创新成果开启了消化问题研究的新领域。

新中国成立后，美国开始对中国进行封锁打压，科学家们的归国之路变得极其艰难，王志均在《九十自述》中这样描述：美国移民局对留学生留美期限管理很严，每年要到移民局办理延长手续，还要我交付保证金500美元，保证在毕业后一定离美。新中国成立后，美国政府来了个180度转变，严格控制中国留学生回国，其目的显然是不想把美国培养的科技力量提供给它所认为的敌人，其居心是不良的。

百般阻挠难挡赤胆忠心。“我不愿在国外长期寄人篱下，‘为他人作嫁衣裳’。我一无意于官场，二无意于发财。我不怕吃苦，愿意走自己的道路做一个创业者，在祖国土地上成自己的‘家’，立自己的业，哪怕一切都从零开始，也心甘情愿。我相信，辽阔的祖国大地，可以提供‘海阔凭鱼跃，天高任鸟飞’的英雄用武之地。”1950年，王志均等人冲破了美国政府的重重阻挠，经过20余天的海上漂泊，终于踏上了祖国大陆的土地。虽然归国时已是不惑之年，但从那一刻起，为中国生理学事业奋斗就成了他的“终身大事”。

推动我国细胞保护研究步入世界前沿

“生命本身内部蕴藏着无穷尽的奥秘。只有在学生理学中，才真正体会到机体之美，美不可言；其机理之妙，又奥妙无穷。”王志均对生理学有着无限的热爱，回国以后在相当困难的条件下带领青年教师和研究生积极开展胃、胰分泌的调控及消化与代谢关系等一系列开拓性研究，着手建立了北京医学院消化生理学实验室。

20世纪60年代初期，由于大量胃肠激素的发现，原有实验方法已经无法满足研究的需要，王志均在挑战中寻找到了新机遇，决定长期攻坚胃液分泌调节机制。经过苦苦求索，他带领团队成功发明了“胃肠三通瘘”和“胃肠四通瘘”制备法，并运用这些方法论证了迷走—胃泌素机制的重要作用，这项成果当时在国际上处于领先水平，为中国现代消化生理学的发展奠定了坚实的理论基础。

与此同时，消化活动中神经与激素的关系问题也一直困扰着学术界。为了解决这一难题，王志均反复实验，大胆猜想消化器官活动有可能在营养物质被吸收进入血液之前就已影响代谢过程。为了验证假说的科学性，他十几年如一日埋头实验室进行研究，最终证明消化器官活动可以通过迷走—胰岛素系统和交感—肾上腺素系统对代谢产生影响，大大提高了人们对消化器官活动意义的认识。

20世纪70年代中后期，美国生理学家提出了“细胞保护”概念，王志均敏锐地意识到这是一个具有重要研究价值的前沿课题，于是带领实验室成员不失时机地开展前列腺素、胃肠肽等物质对消化系统的细胞保护作用研究，相关研究成果引起了国内外学术界瞩目，并得到了国际胃肠内分泌学研讨会（1988年）与会专家的高度认可，推动我国细胞保护研究由萌芽走向成熟，逐渐步入了世界前沿。

如果用一句话来总结王志均的学术生涯，那就是“学生理学这条路是走对了”。王志均潜心治学，堪称博学鸿儒。其在88岁高龄时出版的《生命科学今昔谈》，谈古论今，详细地阐述了科学发现的逻辑、科学家的创新意识和爱国主义情怀等内容，生动诠释了为学与为人相统一的成功之道，堪称勉励后学的传世之作。

成就了符合时代需要的“活论文”

“我不喜欢专做科研，我对教学有兴趣，愿意做教师兼做科研。这就是我的志愿，一个平凡人的普普通通的志愿。”如其所愿，多年以后王志均不仅在科学研究领域成果丰硕，在教育界也留下了浓墨重彩的一笔。归国以后，他便迫不及待地开始在教学方面大展拳脚，每天除了进行日常研究，最重要的工作就是给北京大学、北京师范大学等高校学生讲授消化生理课。有学生回忆道：“王志均先生讲课时必定穿一件整洁的白大衣，打一条领带，显得十分认真和严肃。他讲课生动活泼，将近半个世纪后的今天，这些印象还历历在目。”王志均在课堂上大胆运用启发式教学法，积极引导学生进行独立思考，培养他们分析和探究问题的能力。因为他始终坚信，传授知识不是培养人才的第一目的，提高创新能力才是重中之重。

“讲课是一门艺术，当教师的应当花些力气研究它。”王志均先生深入课堂、深入学生，总结教学经验，提炼教学方法，在《关于高等学校的智能培养问题》《关于培养研究生的几个问题》《创新乎，模仿乎》《关于培养科学道德问题》等著作中深刻地阐发了他的教育思想。他主张德智体有机统一，“一个人才绝不是仅仅是有知识而已，在德智体三方面有一不合格，就可能成为废品”；有针对性地提出要培养有知识、有创新能力和有事业心的“三有”科技人才。其中，知识是基础，教学的第一任务就是鼓励学生多读书善学习，积极主动地获取知识、理解知识、运用知识；创新能力是关键，“在科研中，导师要用启发诱导方式来引导学生，而不是时时处处管起来。那种导师用脑、研究生用手的科研办法，是绝对培养不出创新人才的”；事业心是动力，开拓型人才只有心中有担当，忠于事业、乐于事业、勤于事业，才能满腔热情地为社会主义建设服务。

“我为祖国培养的这些人才，其实也就是我的活论文。他们成长得好，为人民服务得好，我论文的质量就高。祖国养育了我，我反过来报效祖国，是义不容辞的责任。”王志均执教数十载，桃李成林，其中绝大部分已经成长为生理学领域的中坚和骨干。面对如此巨大的成就，他从未停下前进的脚步，“老牛自知夕阳短，不待扬鞭自奋蹄”，他常以这句话鼓励自己，直至晚年依然心系“百年树人”大计，兢兢业业奋战在本科生教学第一线。

在女儿王宪眼中，父亲一生严于律己，宽以待人。他主动放弃各项优待，一生清廉俭朴。他做学问、做人的精神境界和人格风范，是后人一生取之不尽、用之不竭的财富。

（刘晓青　樊子安）

1951年

杨承宗：为原子弹加铀的科学家

人物简介

杨承宗（1911年9月5日—2011年5月27日），江苏吴江人，著名放射化学家、教育家，我国核燃料工业的主要开拓者，放射化学学科奠基人。1947—1951年，在法国巴黎大学居里实验室师从伊莱娜·约里奥-居里攻读博士学位。1951年秋回国后，在推动放射化学的学科建设和人才培养工作中发挥了关键作用。1961—1969年，领导、组织二机部第五研究所科研人员顺利解决了天然铀水冶、纯化和转化各个过程中的放射化学及其工艺问题，为“两弹”研制和中国铀工业的建立作出了卓越贡献。1978年以来，先后担任中国科学技术大学副校长、安徽省人大常委会副主任、合肥联合大学首任校长等职。

杨承宗活了100岁，是位名副其实的世纪老人。生活中，杨承宗是个谈吐幽默、乐观豁达的人。可在工作中，他又是个十分严肃、严格、严谨的人，有时严苛到不近人情。

给毛泽东捎“口信”

杨承宗毕业于上海大同大学，1934年经人引荐，杨承宗来到北平研究院镭学所，所长就是大名鼎鼎的严济慈。1947年初，经严济慈先生推荐，杨承宗赴法国巴黎大学居里实验室留学，师从居里的长女伊莱娜·约里奥－居里学习放射化学前沿理论。1951年6月15日，杨承宗获巴黎大学理学院科学博士学位，其论文被评为最优级。求学期间，杨承宗成功研究出分离微克量级镧系元素与锕系元素的离子交换方法，在学术道路上日益走向成熟，成长为一名基础扎实、具备相当实力、在国际上有一定影响的青年放射化学家。

博士论文答辩结束的一周之后，杨承宗收到了钱三强从北京发来的希望他早日回国工作的电报，于是毅然决定放弃法国国家科学研究中心为他开出的“年薪为555350法郎另加补贴”的高薪续聘。回国前夕，他按照钱三强的委托，用组织辗转捎来的3000美元购买了大量与原子能相关的书籍、仪器、药品等。一一归整完毕，竟用去了13个大大小小的箱子！虽然知道年迈的父亲翘首以盼留洋多年的儿子，妻子独自带着4个子女在苏州乡下艰难地生活，杨承宗依然垫上了自己在法国节省下的全部积蓄，只为能买更多的仪器和资料。

时任世界保卫和平理事会主席的约里奥－居里先生听说杨承宗要回国，专门抽出时间约见他，说：“你回去转告毛泽东，你们要保卫世界和平，要反对原子弹，就要有自己的原子弹。原子弹也不是那么可怕的，原子弹的原理也不是美国人发明的。你们有自己的科学家，钱（三强）呀、你呀、钱的夫人（何泽慧）呀、汪（汪德昭）呀。”当时抗美援朝战争正酣，美国多次对中国进行核讹诈。居里先生大声疾呼中国应该有自己的原子弹，实际上是对中国人民正义事业的强有力支持，对后来中央下决心发展自己的核武器起到了积极的推动作用。

1951年10月杨承宗回到北京当天，就向钱三强报告了约里奥-居里先生托他转告毛泽东的这段话。钱三强请时任中科院党组副书记丁瓒向中央有关领导作了汇报。后来中央又专门派中宣部科学处联系科学院工作的龚育之找杨承宗核实，并且强调了保密性。此后的30多年里，杨承宗一直守口如瓶。直到1983年11月，杨承宗向为征集所史资料专程前来拜访的原子能所原党委书记李毅谈及此事，才揭开当年的秘密。这段往事后来被写入1987年出版的《当代中国的核工业》一书中，成为信史。

奠基放射化学

为迎接杨承宗归国，钱三强抽空亲自去购买化学器材，跑遍全北京的科学仪器商店，买了几架当时能买到的最好的天平和几个白金坩埚。杨承宗到所不久，钱三强就告诉他：在放射化学方面，我给你准备了"三个两"，就是两架日本的摇摆天平、两个白金坩埚（掺假的）和两个人（大学毕业生朱培基和朱润生）。

面对艰苦的科研条件，杨承宗带领几名青年大学生，从修旧利废、创造实验条件入手，逐步开展了一些放射化学研究工作。1953年初，杨承宗对北京协和医院一套废弃的提氡装置进行了修复。这套装置在抗战初期就已废置，长期废置造成的损坏以及它自身的强辐射性使修复工作非常困难。杨承宗深知这件事的危险性，他没有让随同的两位助手朱培基和朱润生去接触最危险的贮藏镭源的保险柜，只让他们做些辅助工作。修复之后，这套装置约每4天可以产生250毫居里的氡。这项工作不仅为北京协和医院消除了安全隐患，也获取了一批珍贵的放射性样品，为开展中子物理实验方面的研究提供了有利条件。实验物理组的戴传曾利用提取的氡和他从英国带回的铍粉，制成了数十个氡-铍中子源，首次在国内实现人工放射性。然而，在这一举多得的背后，由于杨承宗过近地接触强放射源，导致右眼出现了荧光，后来逐渐发展为视网膜剥离，最后右眼彻底失明。

1954年1月，近代物理所迁至中关村。鉴于天然放射性物质容易干扰核物理微弱电磁辐射测量，杨承宗经过踏勘，选定主楼东侧一块偏僻的荒地，亲自设计了专供长寿命放射性元素研究的放射化学实验楼。这座被惯称为“放化小楼”的实验楼，是当时国内唯一能进行放射化学操作的实验室。正是从这里走出了新中国第一代放射化学研究人才。

从1953年开始，杨承宗在所里系统讲授放射化学课程，听课者还包括少数前来进修的北京大学和清华大学的青年教师。截至1955年秋，近代物理所的放射化学研究人员由最初的3名增至42名，其中多数后来成为我国放射化学的中坚力量。

1956年4月，近代物理所承担了《1956—1967年科学技术发展远景规划纲要》中“原子能科学”部分的起草工作。“草案”在国内编写完后送至莫斯科，在钱三强主持下，由彭桓武、杨承宗等在苏考察的几位主要学术带头人修改定稿。杨承宗一手制定了铀钚放射化学、放射化学分析、辐射化学的具体内容，并力主将放射性同位素的制备及应用也列入规划之中，从而确立了放射化学学科未来的发展方向。

为原子弹加铀

如果说回国后的前10年杨承宗是把主要精力放在学科建设和培育青年人才上面，那么第二个10年，则是他个人施展生平所学为国建功立业的10年。

原子弹所用核燃料的获取主要依赖两大途径：一是以六氟化铀为介

杨承宗在国际核化学与放射化学会议上致闭幕词

质，通过气体扩散法（后来改进为离心法）富集得到武器级浓缩铀（铀-235，丰度高于90%）；二是用后处理技术从辐照过的乏燃料中分离提取钚。两种技术路线均以天然铀的生产为前提。从铀矿石开始，经一系列中间产物至最终产品核纯二氧化铀，之间需要一亿倍的提炼浓缩。众所周知，中国是一个贫铀国家，铀矿品位低，矿床种类复杂，铀平均品位在千分之一至千分之三的铀矿床约占1/2。因此，要研发适用于国内不同铀矿特点的铀水冶纯化技术，难度极大。

杨承宗任职9年的二机部第五研究所（铀矿选冶研究所），正是承创建中国的铀工艺之命而筹办。五所建立初期受苏联影响很深，1960年7月苏联专家组撤走后，全所人员仿佛失去了主心骨，士气普遍较为低沉。然而，五所承担的科研任务却十分紧迫。当时负责生产二氧化铀的衡阳铀厂尚未建成，眼看后续工厂即将陷于“无米之炊”的境地。二机部党组经过研究要求五所以各地土法冶炼的重铀酸铵为原料，先用简易方法生产出足够量的二氧化铀和四氟化铀，同时加紧验证衡阳铀厂的水冶纯化工艺流程，确保其早日投产。一时间，五所被推到了原子弹研制的最前线。对此，时任二机部部长刘杰一针见血地指出：五所处在核事业的龙头位置，龙头不动，龙尾就没法摆。在内外交困的关键时刻，1961年4月，由刘杰部长亲自点将，杨承宗临危受命，奉调至五所担任副所长，负责全所的科研工作。

杨承宗在五所领导的第一项重大科研任务是核燃料化学分析技术攻关。对于分析工作的重要性，他曾打过一个经典的比方：“分析是工艺的‘眼睛’，先睁开眼才能做好工作。”二机部除要求五所和原子能所等部内单位负责研究分析方法，还委托中科院长春应化所和北京化学所承担了硼、稀土元素等分析方法的协作攻关。为了统一验收多个单位大量的科研报告，二机部在1962年下半年成立了核纯产品分析成果验收领导小组，组长由杨承宗和原子能所副所长汪德熙担任。他们主持制定了极其严格的分析研究成果验收工作条例。从1962年第四季度至1963年底，验收小组共分批验收了200多份科研报告，从而建立起一整套的核纯铀产品质量检验方法。这些方法科学性强，分析监测数据可靠，保证了第一颗原子弹核装料的质量。

在五所任职期间，杨承宗带领全所科研人员顺利解决了天然铀水冶、纯化和转化各个过程中的放射化学及其工艺问题，创建了具有自主知识产权的堆浸、清液萃取、碳酸铵结晶反萃取工艺等先进技术，为“两弹”研制和中国铀工业的建立作出了重要贡献。至20世纪70年代中期，我国三批铀矿冶工程相继建成投产，不仅完全满足了核工业对于天然铀产品的需求，也标志着我国在核燃料循环前段初步具备了比较健全的工业生产能力。这其中凝聚着杨承宗和他领导的五所研究团队所付出的心血。

杨承宗始终秉持“干惊天动地事，做隐姓埋名人”之风骨，充分体现了“功成不必在我，功成必定有我”的思想境界，以开朗豁达而寿高百岁，深受后学敬仰爱戴。

（刘　培）

马世骏：中国生态文明建设的科学先驱

人物简介

马世骏（1915年12月5日—1991年5月30日），山东兖州人，生态学家、昆虫学家，我国昆虫生态地理学、数学生态学、经济生态学等学科奠基人，中国科学院学部委员（院士）。1948年赴美求学并于一年后获得犹他州立大学昆虫生态学硕士学位，后前往美国明尼苏达大学并于1951年获得博士学位。1952年，马世骏回到中国并创建了国内首个昆虫生态学实验室。先后在东亚飞蝗生态、生理研究、系统生态学理论等方面作出了重大贡献。开创了生态工程领域，提出和建立了社会—经济—自然复合生态系统理论，为中国生态学事业发展作出了开创性和奠基性的工作，是系统生态学理论与生态控制、可持续发展理论与应用的先驱。

他有过根除东亚飞蝗蝗灾的光辉业绩，有过对《我们共同的未来》的卓越贡献，有过创立复合生态系统理论的巨大成就，更有强烈的民族责任感和赤诚爱国心。他为了学习科学知识服务祖国而远赴国外留学，为了全身心投入新中国建设又冲破重重阻力回到祖国。他的一生虽然短暂，但是全部都奉献给党和国家。他就是誓要用知识改变落后祖国的中国生态学之父、中国生态文明建设科学先驱马世骏。

我要用我的知识改变落后的中国

马世骏的童年和少年，是在军阀混战和遭受日本帝国主义侵略的苦难环境中度过的。他早年就读于山东省兖州中学和济南中学，因参加抗日救亡运动，两次被学校开除，将宜亭之名改为世骏转赴北平完成高中学业。大学时，又因参加一二·九学生运动被北平宪兵团拘留。但马世骏就是不屈不挠，一边刻苦学习科学文化知识，一边积极参加爱国学生运动。1948年，马世骏一方面为了摆脱国内的战乱，一方面为了学习科学知识服务祖国，在33岁时离开祖国前往美国留学深造。1949年，马世骏仅仅用1年时间就取得了美国犹他州立大学的硕士学位，前往美国明尼苏达大学攻读博士学位，被推选为美国科学院荣誉协会正式会员并被授予金钥匙。这一年，新中国成立的好消息跨过太平洋，让马世骏振奋不已。马世骏取得博士学位后急于回国，期待全身心投入新中国的建设之中，于是向导师查普曼申请回到中国。查普曼非常欣赏马世骏，竭力劝他留下来，马世骏毅然说道：“我要用我的知识改变落后的中国，我离开祖国很久了，我想念我的同胞。”

马世骏的回国之路非常艰难，他报效祖国的愿望和行动受到美国当局的阻挠，但是马世骏并没有放弃。1951年秋天，马世骏前往荷兰参加国际昆虫学大会，并在荷兰申请去比利时等地访问。此时，他的所有家当都在美国，美国方面也就同意了他的申请。马世骏从荷兰到比利时，又从比利时到法国再到英国。在英国，他终于联系上中国驻英机构，当晚就悄然登上了目的地是中国的邮轮。从荷兰到家乡，马世骏辗转多地，耗费了整整3个月的时间。1951年深冬，马世骏在香港下了客轮，辗转回到魂牵梦绕的祖国，回到自己心心念念的故乡，他抛弃了所有留在美国的家当，实现了他回归祖国、献身祖国科学事业的夙愿！

改治结合，根除蝗害

马世骏回国后，国家给他的第一个科研任务是解决2000多年遗留下的蝗灾问题。中国人治蝗治了几千年，为什么一直治不住？在广泛调查、研究的基础上，马世骏明确了飞蝗次生型的演变规律和演变机制；揭示了飞蝗爆发的主因是水、旱灾相间发生，次因是社会不稳定及贫穷落后；从生态地理学角度提出了“改治结合，根除蝗害”的飞蝗治理策略与措施，通过改造生态结构，用修建堤坝和控制水位等方式转变蝗虫生殖繁衍的条件以达到根治蝗灾的目的。自20世纪50年代后期起，肆虐我国数千年的蝗灾，在中华大地上再也没有大范围出现。该成果于1978年获中国科学院和全国科学大会重大科技成果奖，1982年获国家自然科学奖二等奖。

在研究昆虫生态学和害虫综合管理的阶段，马世骏创建了我国第一个昆虫生态学实验室，先后提出了“中国农业害虫的动态分析及控制途径”、“昆虫种群的空间、数量、时间结构及其动态”、“种群自动调节”与“种群变境成长”等理论及新概念，并指出了综合防治措施选择的标准为“安全、有效、经济、简便”，各种措施之间有机协调。他创造性地将生态学原理、经济学理论应用于植物保护，提升了我国害虫综合防治理论与应用水平，为昆虫生态学和害虫综合管理理论与应用作出了突出贡献。

1952年3月，马世骏主动参加了反细菌战专家调查团，与钟惠澜、刘崇乐等科学家一起到朝鲜和我国东北现场调查，获得了一系列美国军队悍然发动细菌战的证据。他还在国际调查团的会议上作了有力的发言与论证，出色地完成了任务，并荣获爱国卫生运动委员会的奖励。1959年出版的由马世骏写就的《中国昆虫生态地理概述》是中国昆虫生态地理与昆虫区划的第一本专著。关于黏虫测报、防治的研究先后获得中国科学院重大科技成果奖（1978年）和国家自然科学奖三等奖（1982年）。“棉虫种群动态及综合防治研究”于1988年获国家科学技术进步奖三等奖。

社会—经济—自然复合生态系统

亲历了害虫综合管治的成果实践之后，马世骏又敏锐地提出“人类在创造社会财富的同时，也在不知不觉地毁坏自己赖以生存的自然环境。伴随人类社会的快速发展，空气污染、环境污染日益加剧”。1972年以来，他把科学研究工作扩展到系统生态学和可持续发展领域。

1978年，马世骏在《环境保护》上发表论文《环境保护与生态系统》，将科学研究拓展到经济建设领域，在国内率先指出“生态学是人类解决当代重大社会问题的科学基础之一”。他分析了当时与生态学有关的三大社会问题，即“环境污染问题、人口问题与生物资源利用问题”，论述了人类、生物与环境的关系，以及环境污染与生物圈物质循环的关系，强调“人类物质循环是生物圈循环的一部分”。他还运用生态学原理，提出了解决污染和保护环境的途径，即“工业技术与工艺、发挥生态系统功能作用、生态风险评估”。

1979年，马世骏在中国环境科学学会成立大会所作的《环境系统理论的发展和意义》学术报告中，提出了“生态系统工程”概念，并在国际上首次给予明确的科学定义，精辟地概括了“整体、协调、循环、再生”生态工程的原理。在20世纪八九十年代，该原理推进了我国生态农业的蓬勃发展。现在该原理已成为生态县、生态市、生态省规划与建设的科学思路，为推动我国生态建设与产业可持续发展奠定了理论基础。1987年，马世骏与李松华研究员联合主编的《中国的农业生态工程》出版，这是国际上首部关于生态工程的专著，为引导国内外生态工程的研究与应用奠定了理论和实践基础。

20世纪80年代，马世骏进一步将生态学研究从自然生态系统扩展到以人类为中心的人工生态系统，在国际上首次提出了社会—经济—自然复合生态系统理论，明确指出“社会、经济、自然三个子系统既有各自运行规律，也是相互作用的整体”，提出了衡量复合生态系统的准则，即“自然系统是否合理，经济系统是否有利，社会系统是否有效”。这一理论得到国际社会广泛关注和认可，开创了人与自然耦合机制与调控的新思路。

马世骏还积极参与生态环境保护的研究与实践，在省、市、县等不同层级的生态学培训班上，他都呼吁提高全民生态意识——“中国的生态环境问题，不仅是个科学技术问题，更是个全民意识问题。要让生态意识深入人心，走好生态平衡的可持续发展之路”。在国际上，早在20世纪70年代他就提出了可持续发展的观点，曾担任联合国环境与发展委员会委员，以发展中国家代表的身份，与挪威首相布伦特兰夫人等共同起草了著名的《我们共同的未来》，为推动全球可持续发展作出了贡献。

1991年，75岁高龄的马世骏先生已经因为青光眼和白内障看不清东西，却依旧坚持工作。5月22日，马世骏参加了中国科协四大会议，大会26日才结束。27日，刚刚休息一天的马世骏乘车前往河北迁安参与主持由数百个生态县、生态乡、生态村参加的“全国生态农业（林业）县建设经验交流会”，并作学术报告《生态县的内涵和发展趋势》。5月30日，他坐车返回北京，下午4时许在河北省丰润县（今唐山市丰润区）境内以身殉职，享年75岁。

马世骏的一生，正如他的名字一样，像一匹不知疲倦的骏马，一生都在开路、赶路和引路。星光不问赶路人，他的事迹将激励着新时代的我们为建设人与自然和谐共生的现代化、实现中国梦而不懈奋斗！

（宋昌素）

1952年

谢希德：新中国第一位女大学校长

人物简介

谢希德（1921年3月19日—2000年3月4日），女，福建泉州人，中国共产党党员，固体物理学家、教育家、社会活动家。1946年毕业于厦门大学数理系，1947年赴美国史密斯学院留学，1949年转入美国麻省理工学院专攻理论物理，1951年获得博士学位。1952年回国后到上海复旦大学物理系任教授。1980年当选为中国科学院学部委员（院士），1988年当选为第三世界科学院院士，1990年被选为美国文理学院外籍院士。曾任复旦大学校长，上海市政协主席。谢希德主要从事半导体物理和表面物理的理论研究，是中国这两方面科学研究的主要倡导者和组织者之一。

在2021年的两院院士大会、中国科协第十次全国代表大会上，习近平总书记特别强调：科技攻关要坚持问题导向，奔着最紧急、最紧

迫的问题去。要从国家急迫需要和长远需求出发，在石油天然气、基础原材料、高端芯片等方面关键核心技术上全力攻坚。而芯片技术，在某种意义上就是半导体技术之争。回溯中国半导体技术发展史，绕不开我国第一部全面论述半导体技术的教科书——《半导体物理学》，而这本书的作者之一谢希德院士，就是我国半导体研究的奠基人之一。这位生于1921年，与中国共产党同龄的科学家，一生忠诚于党、忠诚于祖国、忠诚于人民，以她瘦弱却坚韧的身躯不懈奋斗，为我国半导体物理、表面物理理论研究撑起了一片天，用自己的一生诠释了新时代的中国科学家精神。

中国需要的科学家

1921年3月19日，谢希德出生于泉州的一个知识分子家庭。她的父亲谢玉铭是一名杰出的物理学家，在科研和教学方面都有很高的成就。榜样的力量是无穷的，父亲丰富的藏书、每晚在书房工作到深夜的背影、经常谈起的优秀学生以及时常挂在嘴边的那句“中国需要科学”都潜移默化地影响了谢希德，使其走上物理学研究之路，最终成为“中国需要的科学家”。

1937年七七事变爆发，面对每况愈下的时局，父亲谢玉铭不愿在日寇统治下的地方苟安，带着全家开始了逃难的生活。面对满目疮痍的祖国和颠沛流离的生活，谢希德更加强烈地意识到，只有摆脱强权压迫，使国家富强起来，人民才能有安定的生活。

1938年谢希德以优异成绩考入湖南大学，但就在这时，病魔却找上了她，经多次检查后谢希德被确诊为股关节结核，当时这种病被视为绝症。对于谢希德来说，无疑是晴天霹雳。但她并未向命运低头，凭着坚强的意志和为振兴中华而学习的决心，忍着病痛，在病榻上如饥似渴地读书。母亲担心她过度用脑会影响身体康复，总是劝她少看书多休息。谢希德却总是乐观地说："读书是我最大的兴趣，只有读书可以使我忘掉病痛，使我的生活充实。读书是治我疾病的良方。"4年后，谢希德以顽强的毅力战胜了疾病，但她的右腿却不能再弯曲，终身不良于行。然而，此时的谢希德已经顾不上这些，她收到了厦门大学的录取通知书，在经历了3次高考之后，她终于踏进了大学的殿堂。

在厦门大学学习期间，她比任何同学都珍惜时光，恨不能将失去的时间都补回来。从厦门大学毕业后的谢希德顺利考入美国史密斯学院攻读硕士，2年后又考入美国麻省理工学院攻读博士。在美国留学的她仍像在厦门大学时一样勤奋，以数倍于旁人的努力，坚持不懈，向心中的目标冲刺。1951年秋，她顺利通过论文答辩，获得物理学博士学位。

冲破重重阻挠毅然回国

1949年，正在美国麻省理工学院攻读博士的谢希德收到一条令人振奋的消息：新中国成立了！

从1950年到1951年上半年形成了留学生归国的高潮，钱三强、黄昆、邓稼先等先后回到祖国参加建设。一批批留学生怀着拳拳爱国之心，学成报效祖国的壮举深深激励着谢希德。晚年的谢希德回忆决定回国时的心情，激动地说："在校的中国同学大多接到家人来信，相互转告，为祖国的振兴感到由衷的喜悦。在这段时间里，我的心情难以自抑，巴不得马上能飞回祖国，飞到北京。"

其实，对于谢希德来说，下定回国的决心是十分艰难的。当时远在菲律宾的父亲谢玉铭，在得知谢希德回国的打算后，来信极力劝阻。他在信中写道："接来信，得悉你欲回中国，我感到很不妥，我不希望你回到贫穷而落后的中国……"当时谢希德读着父亲的来信，内心异常痛苦。她想："父亲带我走进了知识的殿堂，他也是我从小敬佩的人。可是我觉得，新中国虽然还贫穷、落后，却是欣欣向荣，正是我一展身手的地方。”怀着对祖国炽热和执着的爱，她终于还是选择回到自己的祖国。

1951年，获得博士学位的谢希德和男友曹天钦一起开始筹划回国事宜。然而就在此时美国政府发布了一项规定：凡在美国攻读自然科学、工程学、医科等学科的中国学生，一律不许返回中国大陆。这个规定一下子把他们的计划打乱了。不过，他俩很快就冷静下来，决定绕道英国返回祖国。在曹天钦的老朋友李约瑟博士的担保下，谢希德获得了一张可以进入英国的特殊的“旅行通行证”，坐上开往英国的船。1952年，谢希德、曹天钦在英国完婚后，迫不及待地踏上了报效祖国的归途。很多年以后，在上海举办的教师节晚会上，有学生问谢希德：“是什么力量使您冲破重重阻挠毅然回国？”谢希德用苍老而有力的声音回答：“我爱中国！”

为党的科学事业奋斗不息

回国后的谢希德被分配到复旦大学物理系，担任物理系和数学系的基础教学工作。此时的复旦大学物理系面临师资力量薄弱、教材不全又需要开设许多新课程等多重困难。谢希德认识到祖国的科学事业正在起步阶段，眼前的当务之急是为国家培养科学人才。因此，她欣然挑起了一般人不大愿意承担的基础课教学的重担，全力以赴地工作。

1956年，谢希德和曹天钦在同一天被各自所在的党支部接收为中国共产党的预备党员。在以后的岁月里她始终牢记自己的誓言：“一个共产党员，一个科学工作者，只要心脏还在跳动，就要战斗，就要为党的科学事业奋斗不息。”

1955年，半导体被列为国家重点科研项目，为了尽快培养一批半导体专门人才，教育部决定于1956年在北京大学创办“五校联合半导体物理专门化”，由北京大学物理系黄昆教授任主任，谢希德任副主任。接到通知的谢希德，十分兴奋。然而，当时她的儿子才5个月，面对家庭和事业的抉择，她没有丝毫犹豫地选择了北上。

谢希德在北京大学工作的2年里，与黄昆教授通力合作，担当起培养中国第一代半导体物理学学生和研究人员的重任。1958年，他们合编的《半导体物理学》正式出版，这是一本在当时国际上都有很高学术水平的权威著作，也是很长一段时期我国半导体物理专业学生和研究人员必读的教材。经过近2年的辛勤耕耘，“五校联合半导体物理专门化”培养出了200多名半导体专门人才。随着这批人才奔赴科研和生产的一线，我国半导体学科和半导体技术很快就独立自主地发展起来。

1983年，62岁的谢希德出任复旦大学校长，成为新中国第一位女大学校长。担任校长之后，谢希德特别注重学校的办学理念和办学方向，她率先改变国内综合大学长期以来只有文理科的格局，在复旦大学增设管理学院、经济学院等学院，加速各类人才的培养。她抓教师队伍建设，采用破格提升的方法，鼓励学科带头人脱颖而出，促进青年教师进步。

几十载耕耘不辍，让人们甚至谢希德自己都忘却了她是一位饱受癌症折磨了34年的老人——1966年谢希德就被确诊为乳腺癌。1999年12月，谢希德再次住进了医院，在住院期间，她坚持工作，每天翻阅外文文献、修改毕业生论文、接发大量电子邮件、处理各种事务，直到发生急性心衰和呼吸衰竭，再也无法站起，才不得不停止工作。

（王　妍）

罗沛霖：建言推动成立中国工程院

人物简介

罗沛霖（1913年12月30日—2011年4月17日），生于天津，籍贯浙江山阴（今绍兴）。中国共产党优秀党员，著名电子学与信息学家，中国科学院、中国工程院院士。1935年毕业于国立交通大学上海本部电机工程系，1938年赴延安参加革命，为抗日前线培养通信人才。1952年获美国加州理工学院电工、物理和数学专业的特别荣誉衔哲学博士学位。罗沛霖在电子学与信息学领域造诣精湛，在雷达、信息理论、电子电路、电子计算机逻辑设计、电机、电器、工艺评估方法学、经济财政数理分析以及当代信息技术发展等方面贡献卓著，被誉为新中国电子工业奠基人。

他是被称为“战士、博士、院士”的“三士科学家”。“力量源于理想，真情只系延安。超远雷达罗万象，电子信息扩百专。算机冲最先。吁振工程技术，疾呼建院十年。产业科研双共进，华夏强国一梦圆。奇勋著史篇。”书法家张飙的这首词，全面概括了罗沛霖的伟大一生，这位留美归国科学家一生不懈奋斗，他爱党爱国的忠贞信仰和在科学技术领域的杰出贡献值得被更多人称颂与铭记。

光靠读书救不了国

罗沛霖与无线电的情缘起于幼时。他出生于天津一个富庶的家庭，罗沛霖的父亲罗超汉是我国早期电信界知名的耆宿，母亲孙云是一位爱国诗人、画家，良好的家庭教育深深影响了年幼的罗沛霖，使他比一般的同龄人更早地接受了科学的启蒙。

回忆起童年时光，罗沛霖依稀记得电话局的巷子里竖立着两根大杆子，当中拉了两根电线。父亲告诉他，那是无线电。就这样在耳濡目染之下，罗沛霖渐渐迷上了无线电，在南开中学读书时，又加入了无线电学社。他曾手工制作了一个矿石检波器架，用马粪纸糊了一个号筒充当扬声器，这一次小试牛刀，让学生时代的他颇有成就感。高中毕业后，罗沛霖以优异的成绩同时被清华大学和国立交通大学上海本部录取。考虑到后者已经有了非常明确的工科分科，罗沛霖选择了他更心仪的国立交通大学上海本部无线电专业。

就是在大学期间，罗沛霖结识了对其影响一生的人——钱学森。与钱学森交往使他更坚定了为自己的兴趣爱好——无线电付出更多的努力，为此他阅读了大量有关电信的书刊，还自修了现代物理。同时，钱学森说过的一句话“光靠读书救不了国”，也让心怀报国之志的罗沛霖重新思考自己的报国之路，革命的种子在他内心萌芽。

有了罗工程师，我们不再是“土八路”

1937年中华民族正处危亡之际，年仅24岁的罗沛霖毅然放弃优越的生活条件，奔赴革命圣地延安。1938年罗沛霖辗转到达延安，加入中央军委第三局，为党早期的情报工作陆续开展奠定技术基础。罗沛霖参与创建了陕甘宁边区延安（盐店子）通信材料厂，担任工程师并主持技术和生产工作。当时的工作与研发条件非常艰苦，从战场缴获来的通信器材，更成了稀有物件。一部缴来的电台，再利用上备份器材，会被改装成两部使用。即便这样，罗沛霖硬是带领大家在缺少原材料的情况下做成了无线电零件。没有原材料，罗沛霖就与工人们因陋就简，收集大量收音机和手电筒里的干电池，并创造性地使用猪油代替润滑油、用烧酒作酒精、用延安山中的杜梨木头作绝缘材料，设计研制了可变电容器、波段开关和可变电阻等多种无线电零件，解决了通信电台制造的技术难题。罗沛霖还率领技术人员装配制造了60余部电台送往抗日前线。中央军委三局局长王诤开玩笑说："有了罗工程师，我们就不再是'土八路'了。"

圆满完成了赴美的两项重要任务

1947年，罗沛霖受组织指派赴美国留学。罗沛霖带着组织资助的500美元和一套西装离开了祖国。1948年，在钱学森的帮助下前往美国加州理工学院攻读博士学位。

离开校门13年，35岁重返校园并直修博士学位，罗沛霖要面对的学习压力可想而知。但他有自己的主心骨，"党派我来留学，为了新中国，这些都算不了什么！"他无暇欣赏美国大学的优美景致，更无心参与丰富多彩的校园生活。他把时间和精力分在了两大块上：一是用来学习理论、攻克难题，二是动员更多留美学生回国工作。

他争分夺秒地学习，希望尽快掌握技术学成报国。繁重的学习生活压力使他患上了胃病，但病痛的折磨也不能放慢他奋斗的脚步。他忍受着十二指肠溃疡病痛的折磨，仍然坚持每周学习70多个小时，仅用22个月就通过了博士学位口试答辩。

作为留美中国科学工作者协会加州理工学院分会的负责人，罗沛霖动员留美人员回国立新功。在党和国家以及众多在美留学生的不懈努力下，一大批知名留美科研人员回到魂牵梦绕的祖国，积极投身社会主义新中国建设事业。

刻苦学习、忠于使命的罗沛霖，圆满完成了赴美的两项重要任务，又一次向党交上了完美答卷。

为我国电子工业的自力更生闯出一条道路

1954年，华北无线电联合器材厂（718联合厂）正式奠基，身为筹备组组长的罗沛霖任总工程师兼第一副厂长。这是中国第一座规模巨大的综合性电子元件联合工厂，生产了我国第一颗原子弹、第一颗人造卫星的很多关键元件，同北京电子管厂（774厂）一起，让百废待兴的新中国拥有了先进电子产品的生产能力，改变了我国无线电工业依靠外国零件的状况。

1957年10月苏联制造的世界第一颗人造地球卫星升空，几个月后，美国也将人造地球卫星射入太空的预定轨道。空间争夺战深深触动了中国科技工作者，罗沛霖等人提出了我国应采取积极防御战略，开始研制超远程预警、跟踪雷达，建立弹道导弹预警、防御系统的设想。由于国内没有超远程雷达的研制经验，只能根据中国现实需要，独立制定技术要求和指标。罗沛霖对国际同行正在应用的各种新材料和新器件非常熟悉，在他的带领下，大家采用不同思路开展研制工作。在他的建议下，我国低噪声参量放大器研究取得重要成果，并被用于另一种雷达系统，大大提高了雷达系统的作用距离。罗沛霖还提出并论证了利用纯数字技术实现相关积累的可能性，使中国成功观测到月球回波。

1977年，我国第一个正确测定卫星落点的超远程雷达终于建成。这是罗沛霖实现的又一项“从0到1”的突破，这项工作为我国电子设备的生产配套奠定了坚实基础，更为我国电子工业的自力更生闯出了一条道路。

一位名副其实的战略科学家

战略科学家既是战略家，也是科学家，是科技人才中的“帅才”，在跨学科研究、大兵团作战组织等方面发挥着重要作用。罗沛霖正是一位名副其实的战略科学家——他是新中国电子工业奠基人，主持建成了中国首座大型电子元件工厂，创立了中国第一个电子信息工程专业，主持了中国第一部超远程雷达研制工作和国产最早系列化电子计算机研制的技术工作及组织工作。他从1982年起建议成立中国工程院，并在10余年间一直坚持呼吁推动实现。

1978年，罗沛霖随中国电子学会代表团访美，参观了美国工程科技界最高水平的学术机构——美国国家工程院。此次参观，罗沛霖了解到了美国国家工程院在奠定美国科学技术全球领先地位中的重要作用。他深深地认识到，缺少了工程院，党和国家关于重大工程技术的科学决策会缺少权威性的咨询意见以及论证评议环节，我国重大的工程技术和技术科学成果的鉴定无法进行，也势必会影响到我国工程科技的发展。因此，他提出成立中国工程院的建议，这一建议也得到了师昌绪、张光斗等科学院院士的认同和支持。

经过一段时间的思考，1982年罗沛霖先后撰写了《实现四化必须发展工程科学技术》《技术科学在我国国民经济和国防建设中的地位》《科学技术发展与经济发展中的若干经验的探讨》等文章，介绍和总结了美国、日本、西欧和苏联的科学技术经验，强调中国要重视现场技术、基本技术和应用科学的发展。这些文章的发表突出科学技术对于国家经济社会发展的重要性，为全社会形成对科学技术的认同起到了很好的宣传作用。

随着时间的推移，工程院成立的条件日趋成熟。1992年，罗沛霖字斟句酌地起草了关于成立中国工程院的上报材料——《关于早日建立

罗沛霖接受电视台采访

中国工程与技术科学院的建议》，与张光斗、王大珩、师昌绪、张维、侯祥麟联合署名呈递给党中央。

这份建议简洁明了，仅有1000余字。罗沛霖情真意切地写道：“鉴于我国还是发展中国家，工程技术和技术科学的发展很不够，产业技术水平还很差，从落实‘科学技术是第一生产力’出发，贯彻‘服从于经济’‘服务于经济’的方针，我们建议从速建立中国的工程与技术科学院，以促进社会主义现代化建设。”这份建议还指出：“建立工程与技术科学院后，我们就可以成为（国际）工程与技术科学院联合委员会的正式成员，从而加强国际间科技和经验交流，得到益处。”

以罗沛霖为代表的科学家的建议得到了党中央的高度重视并被采纳，经过周密的筹备，中国工程院终于在1994年正式成立。中国工程院的成立，是党中央审时度势作出的战略决策，也是罗沛霖等一批科学家本着为党和国家负责任的态度，秉承实事求是的工作作风，高瞻远瞩为党建言的生动写照。中国工程院的成立，也成了罗沛霖晚年最欣慰的一件事。

罗沛霖的一生，对党忠诚、一心报国。他在延安期间为党默默无闻地工作，赴美留学期间肩负重任，回国后取得无线电领域突破性成就，晚年仍心系党和国家科学技术事业，积极建言献策。罗沛霖用他的实际行动诠释了一名共产党人的使命与担当。

（钟卫宏　陈萌萌）

1953年

柯俊：提出中国“十大发明”的钢铁大师

人物简介

柯俊（1917年6月23日—2017年8月8日），祖籍浙江黄岩，出生于吉林长春。中国共产党优秀党员，我国著名科学家、教育家，中国科学院院士，我国金属物理、冶金史学科奠基人。1938年毕业于武汉大学化学系，1948年毕业于英国伯明翰大学并获博士学位，后担任英国伯明翰大学高级讲师。1953年回国，先后任北京钢铁工业学院金物教研室主任、物理化学系主任和副院长，北京科技大学校长顾问等职。1980年当选中国科学院技术科学部学部委员，并担任学部常委。1989年获中国科学院荣誉奖章，1990年被国家教委、国家科委授予全国高等学校先进科技工作者荣誉称号，1997年获何梁何利基金科学与技术进步奖。

柯俊院士是国际著名的金属物理学家、科学技术史学家和高等工程教育家。抗日战争时期，他是穿梭于越南、缅甸、印度密林群山之间的物资运输队长。留英期间，他在钢中首次发现贝茵体切变机制，是贝茵体相变切变理论的创始人。新中国成立后，他创办第一个金属物理专业和冶金物理化学专业，是中国金属物理学科的奠基人。20世纪90年代初，他积极推动了国家高等工程教育改革，是工程教育改革的先行者和领航员。柯俊心里始终装着国家和人民，他是著名科学家，更是一位爱国者。

解决了长期困扰冶金界的一大难题

柯俊祖籍浙江黄岩，1917年6月23日出生于吉林长春。1931年，年仅14岁的他正满怀憧憬地享受高中新生活时，九一八事变爆发，日军占领东北，学校被迫停课。1938年，从武汉大学毕业后，柯俊来到国民经济部工矿调整处工作，他的主要工作任务是把长江中下游城市的重型机械、化学工业和纺织工程等设备迁到川陕滇贵等地，以免落入日本侵略者之手。

亲身经历了抗日战争，残酷的现实使柯俊深深地体会到“落后就要挨打”的道理，并暗自下定决心：掌握先进的科学技术，发挥自己的专长，用科技来改变国家的命运。1944年12月，柯俊获英国帝国化学工业公司学术奖金，争取到机会赴英国伯明翰大学理论金属学系学习，师从当时著名的金属学家迪·汉森教授。

在英国，柯俊选择铜再结晶作为研究项目进行科研能力的训练，随后接受了理论金属学系工业实践性的课题，研究低碳钢在焊接时的变化。柯俊还接受了英国钢铁协会下达给迪·汉森的科研课题，阐明钢中过热和过烧机制。据此发表的论文《钢在过热过烧后的晶粒间界现象》解决了长期困扰冶金界的一大难题，在业界引起较大反响。

1951年，柯俊取得了伯明翰大学的终身教职。

期待着回国报效的那一天

在海外求学的日子，柯俊没有忘记自己多灾多难的祖国。繁重的课业之余，柯俊积极参加了留英中国学生同学会组织的各种活动。与当时大多数中国留学生一样，柯俊时刻以民族复兴为己任，鞭策自己不断进取，期待着回国报效的那一天。

作为国民经济的重要基础产业，钢铁是支撑国家发展和经济建设的工业脊梁，也是反映一个国家综合实力的重要标志。1949年，新中国钢产量仅有不到16万吨。缺钢少钢在相当长的一段时间内是共和国面临的一个难题。恢复、发展、提高产量，这是新中国成立之后钢铁工业发展的重中之重。钢铁技术是当时的“关键核心技术”和“卡脖子技术”，钢铁业发展急需科技人才。

1950年末，刘宁一、周培源、涂长望等到英国访问，希望柯俊回国参加祖国建设，筹建中国科学院金属研究所。在此期间，由于柯俊的研究成果举世瞩目，美国芝加哥大学金属研究所、德国马普钢铁研究所和印度国家冶金研究所等先后向他发出邀请，都被他谢绝。恩师姚南枝，时任台湾碱业公司总经理，也力邀柯俊去台湾，面对恩师，柯俊只能用“容图报于来世”婉言谢绝。各种优厚的生活待遇和优越的工作条件，都没有让柯俊有任何动摇，他心里始终想着祖国和人民。正如他对美国芝加哥大学金属研究所史密斯教授说的：我来自东方，那里有成千上万的人民在饥饿线上挣扎，一吨钢在那里的作用，远远超过一吨钢在英美的作用。尽管生活条件远远比不过英国和美国，但物质生活并不是唯一的，更不是最重要的。

临近回国之际，柯俊订购了很多书籍和杂志，定期寄回国内。这些书籍和杂志记录了当时最先进的材料和论文，为我国金属科研和金属事业的发展提供了巨大的借鉴和帮助。

钢铁科学与技术的集大成者

1953年8月，柯俊携妻儿离开英国，踏上归国之路。之后，柯俊进入北京钢铁工业学院任教，开启了科技报国的新篇章。柯俊说：“祖国需要我们到哪里，我们就去哪里，不能挑三拣四，到哪个工作岗位都要好好干。行行出状元。”他先后担任过北京钢铁工业学院金物教研室主任、物理化学系主任和副院长，北京科技大学校长顾问等职。他是中国冶金与材料教育界、科技界的一代宗师，钢铁科学与技术的集大成者，为新中国冶金工业的建立、发展和壮大，呕心沥血，功勋卓著。

柯俊拥有战略眼光，他创新性地提出了工科大学要走理工结合的发展道路，在学校创立了物理化学系，开创了新中国第一个金属物理专业和冶金物理化学专业，培养了大批理工结合的优秀科技人才。他长期从事金属中相变理论的研究，提出了贝茵体切变理论，发展了马氏体相变动力学，为国家基础科学研究和国民经济发展作出了重要贡献。《钢铁金相学》以他的姓氏将无碳贝茵体命名为“柯氏贝茵体”，而柯俊本人则被国外同行称为“贝茵体先生”。

柯俊以对科学事业的忘我追求，立足国情，瞄准国家战略需求，开展了耐热合金、永磁合金、半导体材料、超低碳贝茵体钢等一系列战略材料的研究，解决了工业生产、国防工业中的诸多实际问题。1983年在中国共产党成立62周年之际，柯俊光荣地加入中国共产党。他深情地说：作为中国共产党培养的知识分子，应该把加入共产党作为自己的归宿。有了政治归宿，他深感欣慰，更加积极努力地为科技兴国尽职尽责。

柯俊考察姜寨出土铜片

珍视祖国给予的一切

中国的冶金技术有着辉煌而久远的历史，但在冶金技术发展的长河中却没有留下太多有价值的文字记载和历史资料。在20世纪70年代，柯俊怀着对中华民族文化的热爱，毅然开始冶金史的系统研究。他重视实证，应用金相显微镜和电子显微镜等实验手段系统研究古代钢铁制品，用铁一般的事实阐明中国古代钢铁技术的发展及对人类文明的贡献。这些研究，对于我国增强文化自信，促进科技自立自强，开展国际交流都有重要意义。由于他对冶金史的卓越贡献，转炉发源地美国爱德维城授予他“钢铁大师”的荣誉称号。

柯俊通过研究，阐明了我国古代冶金技术特别是钢铁技术产生和发展的过程及其对中华文明、经济、历史发展的重大影响和关键作用，成为近年来中国科技史研究中最显著的成就之一，在国际学术界为中国冶金史研究赢得了荣誉。柯俊及其团队利用现代设备，开展我国金属文物和冶金遗物的系统研究，发展了定量考古冶金学，并取得了重大突破，使我国古代冶金史在国际上的地位大为提高。通过对中国古代科技史的研究，他提出：中国古代并非只有四大发明，而应该是十大发明。与传统四大发明相比，水稻、丝绸、中医药、瓷器、生铁及生铁炼钢、马术马镫这六项发明对人类生活与文明发展具有更直接、更重要的影响和作用。柯俊获国家自然科学奖三等奖（两次）、国家级教学成果奖一等奖、全国新产品工艺奖、国家教委科技进步奖二等奖和何梁何利基金科学与技术进步奖、冶金科技终身成就奖等奖励。

在日常交流中，柯俊常常教导学生要珍视祖国给予的一切。他计算培养一名研究生国家所需的投入给学生看，教导他们要养成勤俭节约的好习惯，并苛刻地要求做电镜前要在金相显微镜下仔细观察，这样可以节省在当时还颇为可观的电子显微镜等大型设备上机费用。他常感叹：“为什么你们的学位论文致谢没有一个人感谢咱们祖国的？如果没有国家安定团结的局面，如果没有国家提供经费给你们，你们如何能够做出这样的成果？”

2017年8月8日，这位钢铁大师走完了他的百岁人生，根据柯俊生前遗愿，他的遗体捐献给了母校武汉大学，进行科学研究和医学教学。在生命之旅的最后，他仍选择为深爱的党和人民、深爱的科学事业尽最后一份力。柯俊先生是一位坚定的爱国者，是一位具有战略思想的科学家、教育家。

（吕科伟）

3171号：王绶琯星

人物简介

王绶琯（1923年1月15日—2021年1月28日），福建福州人，天文学家，中国射电天文学的开创者、中国天体物理学的奠基者之一。1943年毕业于马尾海军学校。1946—1949年，在英国皇家格林尼治海军学院深造。1953年回国，先后就职于中国紫金山天文台、上海徐家汇观象台、北京天文台（现国家天文台）。王绶琯提高了中国授时信号精度，研制了多种射电天文设备。1980年当选中国科学院学部委员（院士）。历任北京天文台研究员、台长、名誉台长。

天上有一颗国际编号为3171号的小行星，名叫“王绶琯星”，标志着王绶琯在天文领域的杰出贡献。然而，年少时的王绶琯，最初的专业却与天文相去甚远。

少年“天文梦”

1923年的1月15日，王绶琯出生于福建福州的一个普通家庭。他年幼丧父，由叔父抚养成人。1936年，在叔父的建议下，王绶琯报考了马尾海军学校，这是左宗棠在洋务运动时创办的一所著名学校。年仅13岁的王绶琯，从此踏上了十几年的航海征程。学校的课程设置中，有一门航海天文，这是他第一次接触到天文学。在学校学习期间，王绶琯受到了严格的数学、物理和英文训练，这为他将来的学术生涯打下了坚实的基础。

随着抗日战争的爆发，福建遭受了日军的狂轰滥炸，马尾海军学校被迫迁移到重庆。此时的重庆，汇集了很多逃难的科学家。战争是残酷的，但这并没有打断他们的科学研究，他们还抽出时间来从事科普工作，去启迪年轻的学子，王绶琯有机会接触了更多的天文学知识。

王绶琯最初学的是航海，后来因为近视，就改学造船。经过了几年的学习和实习，完成了造船课程。在抗战末期，他考取了公费留学资格，负笈英伦三岛，开启了留学生涯。然而，此时他对造船的兴趣却日渐阑珊。在英国，开始了他人生的一个重要转折点。王绶琯到英国后，除了日常上课，将自己的大部分业余时间都投入到了天文学上。彼时的英国，正有几位杰出的天文学家，如爱丁顿、金斯等，他们不仅学术造诣高深，而且在天文科普方面卓有成绩，对于热爱天文的王绶琯而言，真是千载难逢的学习机会。而王绶琯本人也具备较好的理工科基础，因此阅读那些高级科普读物，不觉枯燥，反而兴趣渐浓，他还找机会参观了英国的很多家天文台。

命运之神总是眷顾着王绶琯，他联系并去拜访了英国格林尼治天文台的台长格里高利，两人相谈甚欢。格里高利赞成他来天文台工作，于是，王绶琯在完成毕业设计后，便来到格林尼治天文台。格里高利是经典天文学出身，而此时的天体物理学正方兴未艾，他便鼓励年轻人向这个方向发展，这也奠定了王绶琯一生研究的方向。格里高利利用自己的身份，为王绶琯的学习、实践提供了很多便利，使他得以快速成长。

格里高利先生不久便退休了，新来的台长艾伦教授是一位实验天体物理学家。天文学是一门很强调实际观测的学科，王绶琯就跟着艾伦教授做试验和实测，熟练地掌握了天文学的研究方法。除了日常观测，王绶琯也开始在前辈的指导下撰写文章，逐渐从别人指点到自己独立解决问题，从而成长为一名合格的天文学工作者。而这时候，来自祖国的一封信，又改变了他的人生轨迹。

不寻常的归国路

1952年的一天，正在伦敦天文台工作的王绶琯收到了一封来信。致信者是当时紫金山天文台台长张钰哲先生。多年后，王绶琯院士回忆这封信时，仍是感慨万千，“笔迹畅雅，语言率直。虽然我们素未谋面，但信中他毫无置疑地把我视为共赴祖国天文建设的同道。一纸延聘的文书，在我看来毋宁是一位长辈对一个年纪未满三十的后进者的叮咛”。他遂下定决心回国。

回国的路，并不是那么顺利。王绶琯与其他海外归国的科学家们一样，都经历了一些波折。那时中国尚未与英国正式建交，所以回国需要绕道香港，并需要香港的签证，但香港拒绝签证，拒绝过境，所以这样折腾了好久。当时在香港大学任教的曹日昌教授（中共党员），接待和介绍了许多旅外科技专家取道回国。因为当时回国需要有人“铺保”，“保证不是坏人，保证不会留下来”。王绶琯正是在他的帮助下，回到了阔别已久的祖国，开启了人生新的篇章。

天上的一颗星

“回国伊始，目睹百年国耻一朝湔雪，神州大地污垢尽涤。而百废待兴、众志奋发。由是感激。深信兴我中华舍社会主义莫由。乃立愿效鲁翁之遵命，改造自我以应驱策，虽历风涛颠荡而终九死而无悔也。”这是王绶琯回国时的心情，三十而立的他，终于“报国有门”，可以为社会主义建设事业贡献自己的一份力量。

王绶琯在上海省亲之后便前往南京紫金山天文台报到，任副研究员。百废待兴的新中国一切都是从头再来，当时面临的是“建国之初，人才星散，设备缺如”的局面，所以要做的是“修残补缺，培植新人，谋划新策”。

因此，王绶琯回国的第一件工作，不是立即投入天体物理学的研究当中，而是跟随张钰哲修复60厘米望远镜。他负责弄清光学系统，参加安装和接收。

提高时号精度。对于日常生活而言，时间点可以不用特别精确。而对于国家建设来说，这是远远不够的。当时，国家层面的测绘工作需要统一时间，以保证绘图的精确性。为此，国家紧急调配人马来解决这一问题，王绶琯奉命参加了“提高时号精度”项目。在此之前，上海的同志已经在法国人留下来的授时基础上做了大量的工作。他来了之后，和几位年轻同事齐心协力，很快提出了改进守时、播时、收时以及和野外测绘队紧密联系等应急措施。措施只是临时的，而真正要提高精度，还是需要精密的仪器。为此，王绶琯和罗定江一起到苏联访问，引进了当时较为先进的中星仪器。有了这一利器，再加上他们的日夜奋战，很快就完成了任务。对于王绶琯来说，这是他的第一次科研攻关。

开创中国射电天文学。射电天文学是在“二战”期间发展起来的一门学科，虽然诞生晚，但对于天文学的发展至关重要，20世纪60年代的天文学“四大发现”，都是射电天文学的功劳。在1956年开始实施的《1956—1967年科学技术发展远景规划纲要》中，国家提出要把基础天文学发展起来。1958年，中苏两国联合在海南岛观测日食，中国科学院吴有训副院长借此契机，引进苏联的技术，推动了射电天文学建设。

王绶琯在海南岛开始创建我国射电天文学

观测任务完成后，王绶琯从上海调到北京，开始负责北京天文台射电天文学的筹建。当时，无线电对于大家来说都很陌生，他们便从头开始，边学边工作。1962年起，王绶琯开始在沙河站举办“射电天文学讲习班”，组织天文台和相关高校从业者来学习实践，这些人也成为中国早期射电天文学的骨干力量。

天文学是一门观测学科。有了人才，没有仪器设备，是无法继续下去的。1958年，中国引进了苏联的射电望远镜。但随着中苏关系的破裂，同时由于苏联的射电望远镜也不能满足观测需要，王绶琯便尝试对苏联射电望远镜进行复制、重新设计、调试，从而研制出了我国自己的射电望远镜，他还将技术和知识输送到了相关工作单位。

王绶琯带领年轻人，在密云基地，筹建了射电望远镜基地。在条件十分简陋的情况下，他们设计和加工了32面6米的天线，建立了密云射电天文阵，为中国射电天文学的发展打下了良好的基础。当时，澳大利亚天文学家克里斯琴森来华访问，在他的启发下，王绶琯又开始对密云射电天文阵进行改进。王绶琯提出了用“综合孔径”来提高观测效率，并拿出了设计方案，又在克里斯琴森的帮助下，把设计方案变成了现实。

谋划天文学发展全局。1978年，科学的春天开始了，中国的科学事业开始回归正轨。此时，中国科学院开始规划新的科学布局，王绶琯负责天文学部分，开始谋划天文学发展全局，来追赶世界前沿。此时，他提出了“第二代者承先启后，以观测基地与研究队伍之创建为务，期欲在第三四代置我国天文学于世界之林”。为此，他一方面将众多骨干派出国外去访学，另一方面开始筹划各种设备的建设，2.16米镜就是在这段时间完成的。

倡议建造LAMOST（大天区面积多目标光纤光谱天文望远镜）。天文光谱是天体物理学研究的重要基础。起初，一台望远镜仅能测量一个星体光谱，随着技术的进步，望远镜可以同时测量多个光谱。而在许多重要领域，需要测量的光谱数以万计。这一领域有着很大的发展空间。从此入手，可以进一步提高中国的天文研究能力，并积累大量数据。为此，在20世纪80年代后期，王绶琯和苏定强开始组织研究中心，邀请相关专家来讨论，最终在1993年提出了LAMOST望远镜的方案。经过十几年的建设，LAMOST望远镜在2009年通过了验收，成为中国天文界的一架利器。

2021年1月28日，中国科学院院士王绶琯逝世于北京，“忧国岁月暮，窥天夜正长”正是他一生最好的写照。

（任安波）

1954年

吴仲华：致远者骥，社稷之器

人物简介

吴仲华（1917年7月27日—1992年9月19日），原籍江苏苏州，中国著名工程热物理学家，中国科学院院士。1935年考入清华大学机械系，1940年毕业留校任教，1943年考取庚款留学生留学美国。1947年获美国麻省理工学院机械工程博士学位后，到美国国家航空咨询委员会刘易斯喷气推进中心任研究科学家，其间创立了著名的叶轮机械三元流动通用理论。1954年回国，先后在清华大学、中国科学技术大学任教，组织成立工程热物理学会，创办《工程热物理学报》，建立并领导中科院工程热物理研究所，参与国家能源动力战略研究与决策，为我国工程热物理学科的发展作出了奠基性的贡献。

2017年7月31日，中科院工程热物理所、中国工程热物理学会在北京联合举办“纪念吴仲华先生诞辰100周年学术研讨会”。时任中科

院院长白春礼在题为《致远者骥，社稷之器》的讲话中，用“船骥之托”比喻吴仲华托起国家民族大业的贤能，高度评价他的科学贡献和崇高人格，强调要学习吴仲华先生爱国奉献的家国情怀、为人师表的大家风范和追求真理的执着精神。

归国赤子心

吴仲华于1917年7月出生在上海的一个知识分子家庭，1935年考入清华大学机械系。大学一年级时，吴仲华结识了与他同级的航空工程系的李敏华，二人志同道合，毕业后同时留校任教，并于1943年结成伉俪。同年，吴仲华考取庚款留学生，夫妇二人共同赴美进入麻省理工学院深造，原想就读农业机械专业，因该校已不招此专业研究生而改学内燃机。1947年吴仲华以优异的成绩获得科学博士学位，李敏华也于1948年毕业并成为麻省理工学院第一位女性工程博士。毕业后二人先后被美国国家航空咨询委员会（NACA，美国国家航空航天局NASA的前身）聘任为刘易斯喷气推进中心研究科学家，从事航空发动机基础理论研究。因为NACA彼时隶属美国国防部，是极为敏感的单位，外国人如若在此工作，须经过美国国会批准。当时仅有4名外国人获准，其中就包括吴仲华夫妇。

在NACA工作期间，吴仲华创立了叶轮机械三元流动通用理论，该理论将当时尚无法求解的复杂三维流动分解为相互关联的两族流面上的二维流动，使其求解成为可能，从而极大地提高了以燃气轮机为主的叶轮机械的性能。该理论创立至今已70余年，仍不断地被世界各国的叶轮机械行业，特别是从事航空发动机研发领域的工厂、研究所等广泛应用，我国三峡水利枢纽工程水轮机的设计研究也应用了这一理论。

朝鲜战争爆发后，吴仲华毅然决定不再为美国军方服务。1950年

11月，当得知我国代表伍修权到联合国作报告时，吴仲华专程前去旁听。第一次在国际舞台上听到新中国代表的声音，吴仲华十分兴奋。此时吴仲华夫妇已在美国学习生活7年之久，育有2个孩子，工作收入丰厚，生活环境优渥。但是为了报效祖国，吴仲华毫不犹豫，当场下定了回国投身社会主义建设事业的决心。然而，美国政府出于安全利益和遏制中国的战略考虑，援引多种法律法规禁止中国留学生和科研人员回国，对于在美国重要科研部门任职的中国人更是如此，因此吴仲华夫妇的回国之路困难重重。为顺利归国，1951年夫妇二人辞去NACA的职务，转到纽约布鲁克林理工学院工作。吴仲华假称全家到英国度假，仅携带轻便行李于1954年8月1日从纽约出发，到达英国随即转到瑞士，通过中国驻瑞士大使馆的协助，后经奥地利、捷克斯洛伐克、苏联，几经辗转终于回到祖国！

推动建设工程热物理学科

1956年中国提出“向科学进军”的口号，制定了《1956—1967年科学技术发展远景规划纲要》，对国家未来12年重要科学技术任务及其重点发展方向、科研机构的设置、科技干部的培养和使用等方面作出了全面部署。其中指出“应在最短期间内，掌握燃气轮机动力新技术，并解决它的燃料问题……对于增强中国国防有很大的意义”。然而，燃气轮机是高度精密的动力机械，运转时处于高温、高压、高速和化学反应交织在一起的复杂环境，整个过程中能量转化、输运和利用的科学原理，涉及工程热力学、流体动力学、传热传质学和燃烧学等多门学科。当时即便是在西方发达国家，有能力进行相关研究的也不过麻省理工学院、加州理工学院等屈指可数的几所顶尖高校。显然，在当时的条件下如要在国内建立一整套涉及燃气轮机的相关专业体系，并不现实。由此，工程热物理——这样一门颇具中国特色的涵盖燃气轮机和能源利用相关知识的综合性学科便应时而生。而创建这门新型学科的主要推动者，正是留美归国不久的吴仲华。

1954年底，吴仲华应自己曾经的老师、清华大学副校长刘仙洲教授的邀请，加入清华大学，任动力机械系副主任。

1956年，吴仲华在清华大学动力机械系建立了全国第一个燃气轮机专业和教研组，开始尝试培养燃气轮机专业青年人才。在开启人才培养工作的同时，高等教育部、中国科学院与清华大学联合成立中科院动力研究室（中科院工程热物理研究所的前身），聘请吴仲华担任研究室主任。1958年9月，中科院为了培养尖端科学技术人才，采取“全院办校，所系结合”的方针创办中国科学技术大学。身为中科院动力研究室主任，吴仲华积极参加中科大的筹建，并担任物理热工系（1960年改称工程热物理系）主任，由此，中国工程热物理学科的发展开启了新的篇章。

1978年，国家科委设立工程热物理学科组。吴仲华受命担任学科组组长，领导制订了全国工程热物理学科发展规划。为建立属于工程热物理科研工作者专门的学术交流平台，吴仲华申请并得到中国科协、民政部批准，于1978年10月在杭州莫干山组织召开了中国工程热物理学会成立大会。吴仲华在大会上被推选为首任理事长。后来在吴仲华的领导下，工程热物理学会与国际吸气式发动机学会、国际燃烧学会等国际上一些权威的学术机构组织建立了合作关系，使中国工程热物理学科得以与国际接轨，促成学科人才队伍可以在更高层次的平台学习和交流。工程热物理学会成立两年后，为使学会中优秀的报告和论文能有一个比较固定的发表平台，吴仲华又率众创办了《工程热物理学报》，并担任主编。学报主要刊登工程热物理学科原创性、高水平的学术论文。经过40年的发展，被公认为国内动力工程和工程热物理学科的权威学术刊物。

作为一个拥有国家科委学科组、专业学会和学术刊物的学科，工程热物理学的建设越发趋近成熟，在中科院建立专属于这个学科的研究机构已顺理成章。其实早在1963年吴仲华就建议在中科院设立工程热物理研究所，他经由中科院向国家科委提交申请，并获得批准。虽然随后的筹建工作因某些原因终止，但研究所的建制得以保留。17年后的1980年4月15日，吴仲华组织力学所和动力研究室中部分工程热物理科研力量和其他工作人员，由国务院批准正式建所，吴仲华担任所长（1980—1987年）。

从创建工程热物理专业，到设立工程热物理学会和创办《工程热物理学报》，最后组织并领导建立工程热物理研究所，吴仲华以工程热物理学科主要推动者的身份，见证了其由初步建立到发展成具有完整系统的复杂学科、再逐步提升到与国际接轨的整个进程。

倡导总能系统，促进国际交流

1980年，吴仲华在为中共中央书记处的领导同志所作的《中国的能源问题及其依靠科学技术解决的途径》报告中，从科学技术角度，提出了解决我国能源问题的战略构思。他主张各种不同品质的能源要合理分配，对口供应，做到各得其所，在相当长时期内要把加快煤炭的开发摆在重要的地位，电力建设要逐步把水电开发放在重点上，在严重缺能地区还要建设核电站，因地制宜地发展各种新能源等。提倡按照“温度对口、梯级利用”原则，大力发展各种联合循环与热电并供、余能利用等总能系统。1988年，他主编《能的梯级利用与燃气轮机总能系统》专著，对能的梯级利用与总能系统进一步做了全面阐述。如今，能的梯级利用原则已成为能源利用领域的核心科学理论，总能系统也已成为能源科学发展的主流思想，吴仲华以独特而敏锐的科学视角较早地发现了能源科学技术和能源学科的价值。

作为很早就扬名海外的科学家，吴仲华积极利用自己的知名度拓宽了中国工程界的国际学术交流之路。1976年国际吸气式发动机学会举行学术大会前，专门到我国驻英大使馆，提出让吴仲华参加会议。吴仲华应邀参加了在德国慕尼黑召开的第三届国际吸气式发动机学会会议，在会上发表了应用任意非正交曲线坐标的叶轮机械三元流动理论。大会主席在会议总结报告中评论道：这篇论文是会议的精彩之点，也只有三元流动理论的创立者才能贡献这么精彩优秀的报告。

吴仲华身处科学高地，满怀爱国之志，将一生奉献给了祖国和人民，祖国和人民将永远铭记他！

（叶环瑞）

刘有成：中国自由基化学奠基人

人物简介

刘有成（1920年11月6日—2016年1月31日），安徽舒城人，有机化学家，中国自由基化学奠基人。1942年毕业于国立中央大学，1945年赴英国利兹大学留学，1948年获利兹大学博士学位后赴美国西北大学和芝加哥大学深造。1954年底回国，1955年到兰州大学工作，历任化学系主任、校学术委员会主任等职。1980年当选中国科学院学部委员（院士）。1987—1993年担任兰州大学应用有机化学国家重点实验室主任兼学术委员会主任。1994年调入中国科学技术大学工作。2008年当选为英国皇家化学会会士。2013年荣获中国化学会物理有机化学终身成就奖。

在10多年前的中国科学技术大学校园里，人们时常能看到一位满头银发、衣着整洁、精神矍铄的老人，走在通往化学楼、图书馆或是学术报告厅的路上。这位见人总是微笑点头致意的可敬长者，就是我国著名有机化学家、教育家、中国科学院院士刘有成。

从英国到美国，师从的都是化学权威

1920年11月6日，刘有成出生于安徽省舒城县城冲乡一个清贫的书香世家。刘有成的求学之路历经坎坷。1937年12月13日，侵华日军攻占南京，合肥告急，刘有成所在的庐州中学随即宣告解散，他被迫返回舒城老家。1938年初，安徽省在舒城中学校址成立省立第二临时中学。刘有成报名进入该校高中部继续学习。5月11日，日军逼近，舒城县城遭到轰炸。全校师生紧急动员，向大后方迁移。刘有成在兵荒马乱中踏上了颠沛流离的求学之路。刘有成看到飞上天去迎战的中国飞机由于装备差距过大而常常落败，心里特别难受，从此立下了读书报国、科学报国的志向。

1938年9月，刘有成顺利考入已迁至重庆的国立中央大学农业化学系。在这里，刘有成遇到了引导其入门化学的倪则埙和高济宇老师。二者都是留美归国的教授，课讲得十分精彩，激发了刘有成对化学的浓厚兴趣。

1944年，刘有成考取英国文化委员会研究生奖学金。1945年8月7日，他怀抱科学救国之梦，进入英国利兹大学学习。在利兹大学有机化学系，刘有成师从英国著名的生物甲基化专家查林杰教授学习生物化学，进行微生物化学方面的研究。毕业前夕，刘有成决定到美国继续深造。1948年12月，获得利兹大学博士学位的刘有成开启了在美深造的旅程。

刘有成在美国西北大学的合作导师是里格尔教授，里格尔教授学术成就很大，1970年曾担任美国化学会主席。经里格尔教授推荐，刘有成在1951年10月又转到芝加哥大学卡拉施教授处做博士后研究员。卡拉施是自由基化学的主要奠基人，他最出名的工作是自由基的加成和聚合。1942年日本占领东南亚（世界橡胶的重要产地）后，合成橡胶工业成为生死攸关的问题，大大刺激了自由基化学的发展，相关研究领域不断扩充，从而确立了它在有机化学中的战略地位。

作为外国留学生，刘有成无法参与卡拉施教授手里与国防工业相关的应用方向课题。他做的是与四甲基戊烷有关的基础性研究，相继开展了格氏试剂与二氯化钴的反应、过氧化物分解的反应，以及气相溴化的反应和光反应等研究工作。刘有成发表的有关自由基重排反应的论文是国际上关于该问题的首次报道。

心系故土，终于回到祖国怀抱

在美期间的刘有成年富力强，精力充沛，先后加入了美国化学会、全美科学促进会等学术组织，开阔了视野。身在异国，心系故乡。刘有成到美国不久便得知了新中国成立的消息，欣喜万分，但因有约在先，只好耐心把研究工作做完。1951年，刘有成着手办理回国手续，预订了10月的船票回国。可是就在离开的前几天，他突然接到美国移民局的一封信，命令其不得擅自离开美国，并强调如果企图离开，将被罚5000美金甚至刑拘。这件事对刘有成冲击很大，他后来回忆说："经过这件事以后，我的意志却更加地坚定了，不管怎样，我一定要争取回到祖国的怀抱。"

1954年日内瓦会议后，美国政府同意中国留美人员分批回国。刘有成得到消息后，立即辞掉工作。11月28日，他搭乘"威尔逊总统号"从旧金山启程回国。经过20多天的海上航行，于12月20日晚上到达香港。刘有成等人从九龙上岸后，连夜搭火车赶到深圳，第二天早晨抵达广州。离家多年的游子终于回到了祖国的怀抱。

建功大西北，多次登上世界学术讲坛

1955年2月，刘有成来到北京向高等教育部报到，高教部希望他到兰州大学工作。刘有成坚定服从祖国的需要，对此坦然接受。他说服在南京工作的爱人，带着儿子和岳母，一家老少四口从南京搭乘开往兰州的火车，加入建设大西北的行列。

20世纪50年代，兰州生活和工作条件都很艰苦，城市建设比较落后，饮用水需从黄河打来，放进水缸经明矾澄清后才能喝，出门有时候得乘马拉车。在艰苦的环境中，刘有成白手起家，创建了国内第一个自由基化学研究小组。为了配合兰州化工厂和兰州炼油厂的石油科研需求，刘有成开展了石油化学专门化教育，招收学生，培养急需人才。他自编教材，登台授课，为第一班学生讲授《有机物化学结构理论》和《石油化学》。1957年，刘有成被任命为兰州大学化学系主任，并加入了中国共产党。

在科学的春天里，刘有成迅速重整旗鼓，全力开展科研和教学工作，在自由基化学、单电子转移反应、辅酶NADH模型还原反应机理等研究领域，取得了一系列原创性科研成果，相继荣获甘肃省科技成果一等奖（1981年）、国家自然科学奖三等奖（1982年）和国家教育委员会科技进步奖一等奖（1987年、1995年）等奖项。同时，他还先后担任第六届全国人大代表、国务院学位委员会第二届和第三届学科评议组成员，参与了大量的学术咨询和服务工作，为国家的科学技术和高等教育事业出谋划策，作出了很大贡献。

为了与国内外同行建立学术交流，在20世纪八九十年代，刘有成积极参加各种国内外学术会议，向学界同行介绍兰州大学有机化学的科研成果，扩大影响。1985年，刘有成与加拿大皇后大学化学系尹国声教授合作，在兰州大学成功举办了“国际自由基化学研讨会”，为发展自由基化学的国际交流与合作打开了局面。这次会议也成为中国自由基化学发展的新起点。

兰州大学的有机化学学科拥有天然有机、物理有机、有机分析和

庆贺刘有成先生九十华诞暨“2010年合肥有机化学前沿研讨会”

有机合成四个研究方向，分别由朱子清、刘有成、陈耀祖和黄文魁教授带领各自的科研团队，齐头并进地发展。在他们的共同努力下，1983年兰州大学有机化学被评定为国家重点学科，当时全国高校中享此殊荣的仅兰州大学、北京大学和南开大学三家。1985年，国家计划委员会决定在高校和研究所建立首批若干所国家重点实验室，兰州大学的应用有机化学国家重点实验室（现为功能有机分子化学国家重点实验室）名列其中。刘有成担任实验室首任主任兼学术委员会主任，为实验室的建设和发展作出了重要贡献。

古稀之年，开创事业新一程

1994年春，74岁的刘有成告别工作了39年的兰州大学，叶落归根，加盟中国科学技术大学。虽已至古稀之年，他并不是想着到中国科学技术大学养老，而是开创了一番崭新的事业。那时中国科学技术大学的有机化学方向只有一个教研室，课程很少，没有专业学生。刘有成到来后着手补起有机化学这块短板。他除了继续加强教学工作，更重要的是迅速建立起学术团队，开展科学研究，由此带动了中国科学技术大学有机化学的快速发展：1998年有机化学获得了化学一级学科博士学位授予权，2002年被评为安徽省重点学科，2007年被评为国家重点学科。

作为化学教育家，刘有成从兰州大学到中国科学技术大学，登台执教半个世纪，培养了60多位硕、博士研究生，其中多位成长为国内外有机化学界的杰出学者，可谓桃李满天下。刘有成近百年的人生道路是和国家民族的命运息息相关、荣辱与共的，他坚定不移的爱国情怀、求真务实的工作态度和勇于创新、乐于奉献的科学精神，堪称典范。

（刘　培）

1955年

郑哲敏：力学家的报国之“力”

人物简介

郑哲敏（1924年10月2日—2021年8月25日），著名力学家、爆炸力学专家。长期从事固体力学研究，开拓和发展了我国的爆炸力学事业。擅长运用力学理论解决工程实际问题，提出了流体弹塑性体模型和理论，并在爆炸加工、岩土爆破、核爆炸效应、穿甲破甲、材料动态破坏、瓦斯突出等方面取得重要成果。倡导海洋工程力学、材料力学性能、环境灾害力学的研究，创建了中国科学院力学研究所非线性连续介质力学实验室，为推动我国力学事业的发展作出了突出贡献。1980年当选为中国科学院学部委员（院士），1993年被选为美国国家工程院外籍院士，2012年荣获国家最高科学技术奖。

1955年春，当火车从九龙驶入罗湖，郑哲敏看着那高高悬挂的五星红旗，忍不住心头激荡、热泪盈眶，游子终于回到了祖国母亲的怀

抱！尽管对祖国的现状和未来自己的科研有很多的未知，但郑哲敏深知，他再也不会寄人篱下，像浮萍漂在水面。从此刻开始，他将为自己的国家和这片土地上的人民奉献自己的每一滴汗水。

承国家之志

时间回到1928年5月3日，年仅4岁的郑哲敏就在济南“五三”惨案的逃难过程中经历了和家人失散之痛。有一次，地上的子弹壳引起了他的兴趣，于是弯腰去捡，突然边上一个端着刺刀的日本兵举枪向他冲过来。直到30多年后，被日本兵端着闪亮的刺刀追杀的场景仍不时出现在郑哲敏的噩梦中，也因此在年幼的郑哲敏心中埋下了强国富民的种子。1948年，怀着科技兴国的梦想，郑哲敏在钱伟长、陈福田、李辑祥等先生的推荐下，受扶轮社奖学金的资助，获得了到美国加州理工学院留学深造的机会。此年8月18日，在家人的祝福与依依惜别中，郑哲敏从上海十六铺码头出发，开始了他历时6年多的留学生活。

郑哲敏到加州理工学院机械系1年后获硕士学位，1952年又取得博士学位。他的论文题目是与导师钱学森讨论后确定的，研究的是当时正在迅猛发展的高速飞行和喷气推进所引起的结构物受热的抗力问题。

通过钱先生的指导和自身多年的科研实践，郑哲敏形成了技术科学研究的基本方法：针对所研究的问题，一是要明确难点，明晰其中的概念，明确所采用的假设。立题的概念不清楚是不能接受的，假设越少越好，且必须一清二楚，模糊不得。二是确定具体的方程和计算方法，方法有高低之分，最重要的是必须得到可信的结果。三是结论必须根据结果得出，要掌握分寸，如有必要和可能，还要有实验的验证。四是不允许说缺乏根据的话。对所得结果的意义和应用价值，可加以说明，但务必不能夸大其词。五是特别需要留意结果出现转折的情况，因为这标志着问题的性质发生了质的变化，一定要设法找到背后的机制，并考虑这种机制是否可以加以利用。在之后长达60多年的科研与教学实践中，郑哲敏严格践行了这些科学研究的基本方法。在今天来看，这些原则也正是我们各个领域的科技工作者在工作中需要践行的。

1949年新学期开始，郑哲敏积极参加了在加州理工学院成立的留美科学工作者协会分会。主要目的是动员留在美国的我国科学工作者学成回国或以自己的方式为即将成立的新中国作贡献。郑哲敏等还专门组织讨论，看大家能为解放后的新中国做些什么，并明确提出早日学成回国的希望，也因此促成了1950年一批加州理工学院的留学生回国。

就在获得博士学位后不久，郑哲敏被移民局以莫须有的罪名关押。后经好友冯元桢保释出狱，但移民局仍禁止郑哲敏离境，他的护照也被移民局扣押，变成了一个没有合法身份的人。所幸加州理工学院机械系允许郑哲敏继续留在系里教书。1954年7月，郑哲敏收到移民局来信，通知他须尽快在9月27日前离境。

6年的求学与科研生活，尽管历经波折，但为郑哲敏以后从事的科学研究打下了坚实的基础。回国前的一个晚上，钱学森在家中为郑哲敏饯行。钱学森特别嘱咐了两件事：一是关于郑哲敏回国后的工作，建议像他这样受过系统力学训练的人，国家需要他做什么就做什么。即使国家需要做的是非常简单的事，例如管道流的阻力计算，也应当努力去做好。二是对于社会主义国家，运筹学特别需要，将在国家建设中发挥积极的作用。因此要郑哲敏回国后把这个意见转告钱伟长。

急国家之需

1955年春回国后，郑哲敏在工作志愿表上郑重填上了中国科学院数学研究所力学研究室。在这期间，郑哲敏进行了一次西北之行，参加了全国科学规划，这对他的影响非常大。西北之行，使郑哲敏了解了大西北地貌的雄伟粗犷和人民的憨厚坚毅；辽阔荒芜的黄土高原，由于干旱缺雨给人民生活带来的艰苦，使他受到深刻的教育，感到了作为一个中国人身上的责任。这些经历是郑哲敏不断鼓励年轻人研究泥石流灾害和环境力学的原因。

1956年，作为钱学森所长的秘书，郑哲敏在西郊宾馆参加编写了《1956—1967年科学技术发展远景规划纲要》，其中的力学部分是很长一段时间我国力学研究任务和学科发展的纲领性文件。

早期郑哲敏的研究多数是解燃眉之急。他解决了刘家峡重力式高坝抗震的力学问题，鉴于当时不具备数值解法的条件，通过采用以实验为主的路线，得到了高坝流固耦合振动的自振频率，并得出了作用于刚性坝面的总作用力随顶角变化的关系。这一工作，连同郑哲敏之前关于连续板和圆筒与水的耦合振动的文章，在我国早期水弹性力学领域作出了开拓性贡献。

随着工作机会变多，涉及的领域变宽，进一步增强了郑哲敏的主人翁意识：因为这是他的祖国，无论做什么事，都是在为自己的国家和人民工作，工作也就有了意义。这种主人翁精神成为郑哲敏毕生努力拼搏的无穷动力。

报国家之力

回国不久，郑哲敏便对大规模爆破，特别是定向爆破开展研究。确定这个方向的原因：一是它潜在的理论意义，因为爆破面对的是与金属很不相同的地质材料，怎样描述它的动态变形、断裂等的力学行为，是需要应对的挑战；二是在国民经济建设和国防建设方面，爆炸有广泛的应用，仅就当时而言就有水利工程和矿山资源开发的问题。现在来看，这一课题很具前瞻性，例如地下核爆炸、陨石撞击地球、人造卫星撞击流星以及雨滴侵彻土壤等都是同类科学问题（材料在调整冲击下的变形与破坏问题）。

郑哲敏（右一）在讨论会上提出建议

到了1963年，爆炸成型学术会议在北京召开。郑哲敏等在会上系统地介绍了这方面的工作，受到与会者的热烈欢迎。钱学森亲自参加总结会并发言。由于有了郑哲敏和团队的理论体系与工作基础，“爆炸力学”这个新学科方向得以确立，并在国家建设中发挥了重要作用。

之后，受程开甲委托，郑哲敏开展了爆炸当量与地面冲击波压力随距爆心投影点距离变化的规律的理论与实验研究，在建立理论分析和计算方法的基础上，其所在科研团队又在怀柔基地做了系统的空爆实验，这个炸药实验室今天也是中国科学院国防教育基地之一。

为了冲破核威胁，我国同期也开展了地下核爆炸试验的研究。其中一个关键力学问题是对地下核爆炸威力当量的精确预测与传播。郑哲敏带领团队应国家所需，研究地下核爆炸冲击波的产生和传播机理。地下爆炸时局限性过大，高压下岩土介质的力学性质和平常有很大差异：常压下表现为脆性的大理石在高压下具有一定的塑性变形能力。郑哲敏通过深入研究这一现象，建立了流体弹塑性模型，可有效预测爆炸波的形成、结构、传播与演化，以及爆炸所成空腔的大小，获得了任务部门的应用。

从1978年开始，爆破拆除应用于城市的改建首先引起我国爆破界的重视。郑哲敏带领的团队，形成了建筑物的系统爆破方案，并制定了规范。当时的石景山电站、北京闹市区的华侨饭店、连云港6.7千米长堤的爆炸填石排淤等都是爆破用于国民经济建设的典型工程。这项技术经国家相关部门推介后，广泛应用于全国的港口和码头建设、大型建筑体拆除等，既大大降低了建设费用，又显著缩短了建设周期。

到了21世纪，非常规能源的开发成为国家战略重大需求，郑哲敏及团队通过全面调研我国水合物勘探和开采研究现状，提出了从勘探关键技术、开采原理与技术，以及与此相关的环境和灾害力学问题三方面开展研究。同时也对页岩气开采中的关键力学问题进行了全面的梳理，培养和造就了一批这方面的人才。

自1955年郑哲敏不到31岁回国，在66年的科研生涯中，郑哲敏践行科技报国，作为中国科学院力学研究所的初建参与者，从无到有，建立了爆炸力学学科，为我国的国防事业和国民经济发展作出了一系列重大贡献。12935号国际永久编号的“郑哲敏星”，将永远让我们铭记郑哲敏这样一位在强国富民路上力学笃行的先驱者。

（魏宇杰　周德进）

张兴铃：科学报国支撑金石人生

人物简介

张兴铃（1921年10月16日—2022年7月29日），河北武邑人。中国科学院院士，我国金属物理领域的奠基人之一。1942年武汉大学矿冶系毕业，1949年获美国凯斯理工学院物理冶金硕士学位，1952年获美国麻省理工学院物理冶金博士学位。20世纪50年代初在美国系统地研究了在蠕变过程中纯铝及其二元单相合金的形变和断裂机构，尤其是晶粒间界行为。1955年回国任北京钢铁工业学院（现北京科技大学）教授。1989年赴美任麻省理工学院访问教授期间，又进行了细晶的研究。根据试验证据，运用形变协调或受阻的观点，提出晶界裂纹形成和传播的模型并系统地阐明晶界行为与高温强度、塑性、断裂的关系。在高温强度和超塑性领域内取得了重大成就，先后获国家自然科学奖一等奖、国家科学技术进步奖特等奖等。

从少年到青年，张兴铃在颠沛流离中始终坚持着自己的学业，在艰难淬炼中坚定科学探索的梦想。回顾张兴铃百年科学人生的画卷，每一次选择都离不开科学报国信仰的支撑，每一次迈进，都铸就了他坚硬而纯粹的金石人生。

求学报国，结缘金石专业

1921年10月16日，张兴钤出生于河北省武邑县崔乡村一个传统的北方宗族式家庭。由于早早显露出聪颖天资和勤奋好学的品性，他在5岁时被家人安排送进村里的念丰私塾开始接受启蒙教育，并深得先生的赞许。那时张兴钤萌生了好好读书，从而改变他家在大家族中的经济地位和社会地位的想法。10岁那年，他到山东烟台的新式学校完成初小课程和高小课程，并对现代科学产生了浓厚的兴趣。

九一八事变后，因国内战乱局势变化，张兴钤随亲人辗转天津继续中学学业。1935年，为了早日毕业减轻家里负担，本想进入高中学习并到大学深造的张兴钤在万般无奈下报考了天津河北工业学院高职部机械科并被录取。尽管选择这个专业并非出于本意，但他依然非常刻苦地学习。随着日本帝国主义的魔爪逐渐伸向华北地区，1936年，天津爆发学生运动，浩荡的游行和响亮的口号激发了张兴钤的爱国热情。“国家兴亡，匹夫有责”引发了他内心的强烈共鸣，“强国救国”的理想替代了过去单纯为家庭奋斗的想法。

1937年张兴钤又前往上海求学。淞沪会战后，上海沦陷，16岁的张兴钤与进步同学商议，决定放弃学业，投奔延安，到红色根据地参加抗战。后因种种困难滞留武汉。第二年，在朋友的资助下，张兴钤考入武汉大学矿冶系继续深造，从此与金石结缘。

这一时期的武汉也饱受日军空袭的摧残，老百姓出城避难，流离失所，武汉大学也因战事迁至四川乐山（时称嘉定）。救亡图存的渴望深深地唤醒了张兴钤的民族意识，他不断地思索能够救国的途径。他加入了学生进步团体“抗日问题研究会”，并正式加入了中国共产党，决心为国家、为民族奉献终身。他的恩师，也是其科学路上的引路人邵象华老师对他说：“报效国家不只有参军一种方式，用科技和工业来救国何尝不是一条道路。”这让“科学救国”的理念深深扎根在张兴钤的心里，转而开始刻苦钻研钢铁冶炼的相关知识。这也为日后张兴钤的金石人生奠定了扎实的基础。

赴美留学，奠基金属蠕变研究

“二战”后的美国，科技蓬勃发展，在金属材料应用的基础领域研究走在世界前列，而国内因常年战争使现代科学技术发展一度落后，金属物理基础领域的研究仍处于空白。1942年，张兴钤大学毕业后，从事钢铁冶炼的相关技术工作。几年时间下来，他深感自身和国家对专业技术、知识储备的不足，为了填补相关领域的空白，1947年，他申请公费前往美国学习深造。

初到美国，国内的钢铁行业与眼前美国炼钢企业的差距让他瞠目结舌，他深刻意识到过去的知识结构已经不能适应现代化钢铁工业的要求。他深感自己的系统理论基础薄弱，除了参加美国的夜校培训，他还申请到美国的大学进行系统的专业学习。先是求学凯斯理工学院，后考取全额奖学金转投麻省理工学院，开始跟随金属物理专家格兰特教授进行金属蠕变领域的学习与研究。

金属蠕变研究是基础学科，研究内容晦涩，在当时属于前沿科学。做好金属蠕变研究，可以为金属冶炼和加工提供坚实的理论基础。张兴钤不惧挑战，直面困难，长年醉心于实验室与课堂中。几年后，他终于取得了丰硕的研究成果，发表了大量的高质量论文，他的论文被视为这一领域的奠基作之一。麻省理工学院评价他的博士毕业论文是“开创性的、具有深远影响的高价值理论，填补了金属蠕变理论的一项空白”。

艰难回国，报国信念比金坚

新中国成立后，远在美国的张兴钤与留学同学激动不已。他对大家说："将来学成后，要一起回国去，一起建设我们的新中国。"美国初创的辉煌、优厚的待遇、无理的阻挠都动摇不了他归国的信念。

1952年，取得博士学位的张兴钤准备回国。面对来自各方面的阻挠，他与同学开展集会，致信时任美国总统和联合国秘书长。他与留学生中的几位代表，起草致周恩来总理的联名信，表达了报效祖国的迫切期望。在麻省理工学院求学的岁月，张兴钤结识了师昌绪以及志同道合的林正仙、李恒德、王志忠等好友。张兴钤、师昌绪、林正仙一起租住在波士顿的一套公寓，这也成为后来波士顿区中国留学生争取回国的一个活动场所。

经过中方与美国政府的斡旋，终于在1955年4月4日，美国政府发布了中国留学生"可以离开美国"的通知，张兴钤在列。他的导师劝他留在美国，不要放弃麻省理工学院优越的科研环境，并劝他在美国找一个中国人做妻子，张兴钤只是微笑应对。回国是他一直抱定的信念，保持单身也是怕有家庭造成拖累。他把自己在美国的小汽车卖掉，把在美的大部分积蓄都用来购买各种专业书籍。经历了一番曲折之后，他顺利登上"克利夫兰总统号"邮轮，踏上归国航程。1955年，阔别8载，张兴钤终于踏上了祖国的土地。

为国奉献，铸就不朽科研人生

回国后，祖国给了他两个单位供选择：中国科学院金属所和北京钢铁工业学院。考虑到此时的新中国百废待兴，正是建设用人之际，张兴钤接受了北京钢铁工业学院的邀请，并在物理化学系从事金属物理专业研究和教学工作。

20世纪60年代，中国政府作出研制原子弹"以核抑核"的战略决策。一纸调令，他放弃了已有基础的教学研究事业，义无反顾地来到青海的戈壁滩上，投身核武器的研究制造工作中，先后任中国核武器

张兴铃在九院研究生部机房工作

张兴铃（右二）在材料研究所指导工作

研究院实验部副主任、主任。他为我国核武器的研究与制造及培养青年科技人才作出了重要贡献。

在他的参与带领下，实验部成功完成了所需的爆轰物理实验。1964年10月16日，随着罗布泊的一声巨响，我国第一颗原子弹爆炸成功。张兴钤与同事们来不及庆祝，就又投入了核弹武器化和氢弹的研制工作中。1997年7月26日，张兴钤受邀访美，代表中国政府在“国际原子能研讨会”上作《中国核材料保护现状》的报告。他的报告让世界再一次认识了中国对核材料、核武器的态度与立场，在报告中他重点强调了中国和平发展的主张，一定程度上改变了世界舆论在核问题上对中国的看法。

百岁高龄时，张兴钤仍然关心着国家科技发展，为祖国科研领域的发展建言献策，他强调做有用的基础研究对于应用科学发展的重要性。从最早的金属物理，到核材料的研究工作，张兴钤始终将基础研究放在发展科学技术的首要位置，认为只有夯实基础，才能实现科技兴国、科技强国。

（张晓昕）

谢家麟：中国加速器物理之第一人

人物简介

谢家麟（1920年8月8日—2016年2月20日），1920年8月出生于哈尔滨市。中国科学院院士，国际著名加速器物理学家，2011年度国家最高科学技术奖获得者。1943年毕业于燕京大学物理系。1951年在美国斯坦福大学获博士学位。1955年冲破重重阻力回国。谢家麟的一生是与我国高能物理和加速器事业紧密联系在一起的，他是我国粒子加速器事业的开拓者和奠基人之一，为我国高能粒子加速器从无到有并跻身世界前沿起到了至关重要的作用，对我国高能物理实验基地的建设作出了卓越贡献。诺贝尔奖获得者李政道称他为“中国加速器物理之第一人”。

谢家麟一生爱国奉献，求实创新，淡泊名利。他不仅为我国高能物理和粒子加速器事业的持续发展作出了重大贡献，还培养了一大批加速器技术专业人才，为我国粒子加速器从无到有并跻身世界前沿发挥了至关重要的作用。

铁心归国

1951年，刚刚获得美国斯坦福大学物理系博士学位，谢家麟就准备启程回国。考虑到要为祖国的微波研究事业继续作贡献，谢家麟和同学便写信给时任中国科学院秘书长钱三强，询问是否要带些关键器材回国。得到肯定回复后，谢家麟开始悉心准备。因为这些器材在当时是禁运的，谢家麟只能将8大箱器材作为随身行李带回国。当时的美国，麦卡锡主义盛行，对中国留学生监视和迫害的情况时有发生。回国前一晚，美国联邦调查局的工作人员找到谢家麟，质询他是否要回国、回去后是否愿意为共产党政府工作。谢家麟回答："我的妻子、孩子都在中国，我当然要回去。共产党政府是主张建设国家的，而我留学的目的正是要求得学识来建设祖国。"

1951年9月20日，谢家麟终于登上了"克利夫兰总统号"。当邮轮抵达夏威夷檀香山时，突然遭到特工检查，宣称美国政府有权禁止交战国学习科技专业的学生离境，包括谢家麟在内的8名中国留学生被限制离开美国。大家愤怒不已，谢家麟给白宫打电话以示抗议，不过他也意识到这是徒劳。他写诗抒发对家国的思念之情："峭壁夹江一怒流，小舟浮水似奔牛。黄河横渡混相似，故国山河入梦游。"

谢家麟被迫返回美国后，没有正式的工作，靠打零工维持生计，一度到卡片厂当组装工人。后来，他回到斯坦福大学的微波与高能物理实验室担任助教，并被实验室派到芝加哥麦卡瑞斯医学中心，独立负责研制以高能电子治疗深度肿瘤的加速器。2年后，谢家麟研制出了世界上第一台高能医用加速器，开拓了电子束治疗癌症的新领域，引起美国物理学界的轰动。随后美国移民局来信，邀请他成为美国永久公民，允诺他一流的研究条件和优渥的生活水平，谢家麟断然拒绝。

1955年7月，经过精心策划，谢家麟再次踏上归国旅程。抵达日本横滨时，美国移民局官员又找到他，欺骗说他的家人正在国内遭受迫害，邀请他重返美国工作。谢家麟早已收到家人平安的电报，他坚持回国，终于回到了日夜思念的祖国怀抱。

想吃馒头，先种麦子

回国后，谢家麟面对的是非常艰苦的科研和工作条件，他勇挑重担，选择建造可向高能发展的电子直线加速器，为我国以后发展高能物理实验研究打下了基础。

谢家麟常称自己是实验工作者，他把自己的工作比作“想吃馒头，先种麦子”，他认为实验物理学家最重要的就是要有解决具体困难的能力，把一个世界先进的尖端科技装置在现实条件下研制出来，变成实实在在能够使用的实物。

当时，中国还生产不出来加速器的核心部件调速管。面对这种情况，要么放弃加速器的研制，要么自己想办法。大功率调速管的研制属于国际前沿，谢家麟手中仅有的参考资料是斯坦福大学发表的一篇论文和一张调速管的照片。谢家麟白手起家，下定决心自己研制关键部件。他组织了一个不到10人的小组进行攻关，昼夜不休、加班加点地工作。为了加工一个部件，他们常常要抱着材料转5趟公交车，到北京东郊电子管厂进行工艺处理。组装、排气、烘烤、激活、老化，加速器的研制过程涉及多个领域，有的还需要特殊的技术，谢家麟通过自己的实验和研究逐一解决。每一项工作谢家麟都身体力行，甚至手把手地教焊工师傅使用氩弧焊来密封高真空系统。

从研制基础部件做起，谢家麟奋斗了8年。功夫不负有心人，我国第一个大功率调速管终于自行研制成功，1964年我国第一台30MeV高能量电子直线加速器成功建成，跨越式地赶上国际先进水平。

创造国际加速器建设史上的奇迹

第二次世界大战结束后，高能物理成为物理学科中的热点，各国争相开展以高能电子直线加速器的建造和应用为核心的研究工作。

20世纪80年代，中国也开始启动北京正负电子对撞机（BEPC）的设计和建设，谢家麟被任命为北京正负电子对撞机的总设计师。

面对各方面的艰巨挑战，谢家麟提出正负电子对撞机方案设计的“六条”关键原则，指导完成了速调管、加速管、能量倍增器、正电子源和高频腔等加速器关键核心技术的创新性研制，创造了国际加速器建设史上的奇迹。谢家麟挂帅攻关，最终确定2.2GeV正负电子对撞机“一机两用”的方案，既为高能物理研究提供实验装置，也为同步辐射应用提供平台，填补了两项国内空白。1988年10月16日，北京正负电子对撞机首次实现正负电子对撞，宣告建造成功。这是中国高能物理发展史上极其重要的里程碑，也创造了国际加速器建设史上的奇迹，受到国内外的广泛赞誉。《人民日报》在报道这一成就时称“这是我国继原子弹、氢弹爆炸成功，人造卫星上天之后，在高科技领域又一重大突破性成就”。我国从此在τ－粲物理研究领域占据了国际领先地位。

谢家麟在每一项重大项目中，都极力提倡选择符合中国具体条件的技术路线和设备，他强调应该重视核心技术的实质问题，把人力、物力、财力集中在与最终性能有直接关系的关键环节上，抓住主要矛盾，好钢用在刀刃上。有些人认为从国外直接购买装置更快更省，一个大科学实验装置，常常是分片从国外厂家购买，国外做出来、安装好、调试完，我们只会去按电钮。谢家麟指出：“我们没有经历它在研制中遇到的问题和解决问题的过程，也就难以做出原创的，无例可循的或性能优于国际水平的新仪器、新设备来进行新实验。除了必要的情况外，我们应该尽量自制仪器、设备，培养制造业创新能力，给我

谢家麟在北京自由电子激光装置研制期间作工作报告

国仪器制造业一个通过实践、改进提高、突破国际性能水平的机会。”

庆幸作了正确选择

谢家麟经常说：我们那一代人，最大的愿望就是做一个对国家、对人民有用的人，从未考虑过自己要取得何等成就，成为什么人物，获得多少报酬。几十年来，时常有人问谢家麟，是否后悔当年作出回国的决定，因为如果留在美国，他可能获得更大的成就。他的回答永远是：我不但不后悔，而且感到非常庆幸，作了正确的选择，使我有机会施展自己所学的知识，为祖国建设服务。我留在美国工作只是“锦上添花”，而回到祖国则是“雪中送炭”。

谢家麟一生桃李满天下，十分关注青年人的成长。他寄语青年人要相信“天生我材必有用”，要树立坚定的自信。资质超人当然占有优势，资质差些也可以用加倍努力来补偿，“成就”并不是天才者的专利。他还提出：人才，人才，贵在德才兼备，其中又以德为最重要。要立志做一个正直的人，一个正派的人，一个有良好素质的人，然后才是在科技领域作出伟大的贡献，推动我国社会的发展。这样，自己才会幸福，别人才会因你的存在而幸福，社会才会因你的知识而更美好。

谢家麟晚年多次呼吁，要建立鼓励原创性研究的体制与机制，摆脱长期模仿的习惯束缚，摆脱实验设备“引进、落后、再引进”的恶性循环，在“改、创”上下苦功。他提倡坚持实事求是的态度，避免研究项目低水平的重复，鼓励为了达到同一目标而采取不同技术路线的方案竞争，从小处突破，推动科技创新。

2016年1月，国际天文学联合会将一颗国际编号为32928号的小行星正式命名为“谢家麟星”。这颗闪耀在苍穹中的“谢家麟星”，激励我们继续为建设创新型国家和科技强国努力奋斗。

（高文静　吕科伟）

钱学森：科学最重　名利最轻

人物简介

钱学森（1911年12月11日—2009年10月31日），享誉海内外的杰出科学家和我国航天事业奠基人，中国科学院、中国工程院资深院士。1935年9月赴美留学，获航空与数学博士学位，1955年10月回国。1958年10月16日加入中国共产党。历任中国科学院力学研究所所长、国防部第五研究院院长、第七机械工业部副部长、国防科学技术委员会副主任、国防科工委科学技术委员会副主任、中国科学技术协会主席、中国人民政治协商会议全国委员会副主席。先后获得“小罗克韦尔奖章”、“世界级科学与工程名人”称号、“两弹一星”功勋奖章、“国家杰出贡献科学家”荣誉称号、何梁何利基金优秀奖，入选“感动中国2007年度人物”。钱学森为中国科技事业、国防和军队现代化建设建立了卓越功勋，为我国社会主义建设事业不懈探索、殚精竭虑，被誉为“人民科学家”。

2021年是中国共产党成立100周年，也是中国共产党的优秀党员、人民科学家钱学森诞辰110周年。习近平总书记曾指出，我们要学习钱学森同志的光荣感，他把群众的口碑当作自己无上的光荣。在漫长的科学人生中，钱学森始终秉持人民情怀，事业重于泰山、党性高于一切，“科学最重、名利最轻”，体现了一位中国共产党人崇高的精神品质和价值追求。

把世界最先进的科学技术学到手

1929年7月，钱学森从北师大附中毕业后，“抱着振兴祖国的决心”，以优异成绩考上被誉为“东方麻省理工”的国立交通大学，主修铁路工程。按照钱学森之子钱永刚的说法，钱学森报考国立交通大学是受到了孙中山先生“实业救国”思想的影响，打定主意要学铁道工程，给中国造铁路，成为像詹天佑一样的工程师。

在大学期间，一·二八事变爆发，日本空军凭借空中优势，掌握了对中国领空的控制权，对上海狂轰滥炸。中国军民惨遭杀戮，人员财产遭受惨重损失。钱学森目睹这一切，痛感中国必须拥有先进的航空技术和强大的航空工业，才能自立于世界民族之林。于是，他在大学四年级的时候，将人生理想从“交通救国”转向“航空救国”，并进行了不懈探索。在校期间，钱学森选修了“航空工程”等课程，并利用大部分课余时间去学校图书馆借阅航空方面的书籍和杂志，专攻航空与火箭知识，并有了初步的研究心得。至赴美留学前夕，他已发表《火箭》《美国大飞船失事及美国建筑飞船的原因》等6篇航空、火箭方面的论文。钱学森在大学时期对航空与火箭的关注和研究为他后来转向这个领域从事专业研究奠定了必要的知识基础。

1935年9月，钱学森怀着发展祖国航空事业的远大抱负赴美求学。那个年代中国内忧外患，中国人在国际上很难得到应有的民族尊严。钱学森下定决心奋发学习，一定要为中国人争口气，用自己的才智在外国同学面前证明中国人不可小觑。他曾说：我到美国去，心里只有一个目标，就是要把世界最先进的科学技术学到手，而且要证明我们中国人是可以赛过美国人，达到科学技术的高峰。

正是因为有这种坚定的家国情怀做支撑，钱学森潜心研攻、心系祖国，他硕士毕业后即认识到“一名技术科学家对于祖国的帮助远大于一名工程师”，于是将研究方向从航空工程转向航空理论。在美国学习工作20年间，钱学森没有买1美元的保险，因为他根本不打算在美国住一辈子。他在将风洞原理应用于风车发电的实例计算时，选取的数据就是参照祖国的自然条件。成为世界著名科学家后，对于国外优厚生活待遇和优越工作条件，他不为所动。当得知新中国即将诞生，他先后辞去各种要职，毅然决定回国。赤子深情，溢于言表。

旅美期间，钱学森在应用力学、喷气推进以及火箭与导弹研究方面，取得了举世瞩目的成就：与导师冯·卡门共同完成的高速空气动力学问题研究课题和建立的“卡门–钱近似”公式，使他在28岁时一举成名，成为世界知名的空气动力学家；他独立完成的学术论文《关于薄壳体稳定性的研究》，使他在航空技术工程理论界获得很高声誉；他提出的火箭与航空领域若干重要概念、超前设想和科学预见，奠定了他在力学和喷气推进领域的翘楚地位；同时，他还开创了工程控制论、物理力学两门新兴学科，为人类科学事业发展作出了开创性贡献。对于自己留美期间取得的科学成就，钱学森坦言：我在美国前三四年是学习，后十几年是工作，所有这一切都在做准备，为了回到祖国后能为人民做点事。因为我是中国人。

冲破藩篱归故国

新中国成立后不久，钱学森、蒋英夫妇即着手为回国做准备。他归心似箭，“无一日一时一刻不思归国，参加伟大的建设高潮”。1950年8月，钱学森打点好行李、买好机票准备举家回国。但是，麦卡锡主义盛行的美国以莫须有的罪名，非法扣留钱学森，以达到让他长期滞留美国致其科学生命荒废的目的——“经过五年时间让他所掌握的知识变得彻底过时”。钱学森不为迫害所惧，不为利诱所惑，他卧薪尝胆、大义凛然，充分展示了一位中国科学家崇高的民族气节。面对美方检察官的责难，他坚定地说：新中国已经成立了，我是一定要回到祖国去的，这没有什么可商量的。

1955年8月4日，经过中国政府的严正交涉、钱学森的不懈抗争和国际友人的帮助，美国移民当局最终不得不同意放行钱学森。9月17日，钱学森带着荣耀与辛酸、成就与苦难互相交织的复杂情感，携家人踏上了回归祖国的航程。为了这一刻，他整整准备了20年。在回国邮轮上，钱学森难掩无比激动的心情，他说：今后我将竭尽努力，和中国人民一道建设自己的国家，使我的同胞能过上有尊严的幸福生活。这是对他在美国所受屈辱的洗雪，也是对其报国之情的陈说。

和中国人民一道建设自己的国家

钱学森回国后，自觉服从国家需要，勇敢承担起创建我国航天事业的重任，为中华民族屹立于世界民族之林殚精竭虑。他始终站在世界科技前沿，以超凡智慧、开拓意识和战略眼光，带领中国航天人白手起家、自力更生，攻破了一系列重大技术难关，解决了一大批关键技术难题，在艰苦卓绝的环境中开创了中国航天事业；他从战略高度思考、谋划我国科学技术发展特别是国防科技发展的重大问题，提出了许多富有前瞻性的重要学术思想和有重大实践价值的建议，为我国导弹航天事业发展作出了许多具有里程碑意义的贡献。

作为中国航天事业初创阶段的技术领导人，钱学森在中国乃至世界航天史册上书写了浓墨重彩的一笔，留下了彪炳史册的一页。新华社《钱学森同志生平》电文用11个“第一”对此进行了概括：组建了我国第一个火箭、导弹研究机构；指导设计了我国第一枚液体探空火箭；作为技术总负责人，协助组织实施了我国首次“两弹结合”试验；牵头组织实施了我国第一颗人造地球卫星发射任务；领导设计制造了我国第一艘核动力潜艇；指挥成功发射了我国第一颗返回式卫星……

经过以钱学森为代表的第一代航天人的协同创新，中国航天事业一步一个脚印，阔步向前；中国国防建设一步一个台阶，蒸蒸日上。如今，中国已经成为名副其实的航天大国。吃水不忘挖井人。这一辉煌成就的取得，离不开中国航天事业奠基人钱学森的卓越贡献。他早年的航空救国梦、科学报国梦如今都在祖国大地上变成了现实。“长征”升空、“神舟”飞天、“嫦娥”奔月、“天问”探火……浩瀚太空一次次留下中国人的科技身影。钱学森回国前夕曾说过：我的事业在中国，我的成就在中国，我的归宿在中国。虽说科学没有国界，但科学家都有自己的祖国。钱学森对此作了最好的诠释。

一切成就归于党

“我回国近三年来受到党的教育……使我体会到党的伟大，党为实现共产主义社会这一目标的伟大。我愿为这一目标奋斗并忠诚于党的事业。我谨申请入党。”这封公开的钱学森的入党申请书一夜之间火遍网络。有媒体就此评论指出：寥寥数句，却字字铿锵。这份简短却令人震撼的入党申请书如同它的主人钱学森一样，令人景仰钦佩。字里行间折射的是一位人民科学家对党的事业无比忠诚，以及他为党和人民的事业奋斗终身的铮铮誓言。

钱学森是1959年11月12日成为一名正式党员的。亲历钱学森入党全过程、时任中国科学院党组书记的张劲夫认为，钱学森在美国遭到残酷迫害，是党挽救了他，使他能归国投身社会主义建设事业。从这个背景看，他要求入党是理所当然的了。同时，钱学森的入党又推动了中国科学院一大批知名科学家政治上的进步。他自己曾因入党“激动得睡不好觉”，也曾因获悉自己与雷锋、焦裕禄、王进喜、史来贺一起，被中共中央组织部评为解放40年来在群众中享有崇高威望的共产党员的优秀代表而感到“心里激动极了”。

“我为新中国科技事业发展所做的工作，是和党的正确领导、集体的智慧分不开的，我个人仅是沧海一粟，真正伟大的是党、人民政府和我们的国家。”“一切成就归于党，归于集体。”这既是钱学森的肺腑之言，也是他作为一位优秀共产党员、科学家对党的事业无限忠诚、对党的领导无比拥护并为之鞠躬尽瘁的人生总结。钱学森认为，导弹航天是党中央集中统一领导下的一项成千上万人的大科学工程，没有党的领导，没有集体的努力是谁也干不成的。他自己只是恰逢其时，回到祖国，做了他该做的工作。

习近平总书记在中国科学院第二十次院士大会、中国工程院第十五次院士大会、中国科协第十次全国代表大会上的讲话中指出：要大力加强多学科融合的现代工程和技术科学研究，带动基础科学和工程技术发展，形成完整的现代科学技术体系。现代科学技术体系作为以人类总体性知识结构为研究对象的原创性话语体系，是钱学森科技人生中三大创造高峰的收官之作。如今，钱学森现代科学技术体系已经迈出书斋扎根泥土、踏出学院直面社会，成为服务国家发展和社会进步的理论重器。随着时代发展与社会进步对理论创新的召唤，如何从一位思想家的视角和高度认识钱学森，是深入挖掘、全面继承钱学森精神遗产，服务全面建设社会主义现代化国家的现实需求。

（汪长明）

陈能宽：以“为国做事”为使命

人物简介

陈能宽（1923年4月28日—2016年5月27日），湖南慈利人，金属物理学家、材料科学家、工程物理学家，中国科学院院士，“两弹一星”功勋奖章获得者。1947年留学美国，1948年获美国耶鲁大学硕士学位，1950年获美国耶鲁大学博士学位。曾任美国约翰斯·霍普金斯大学助理教授和威斯汀豪斯公司（西屋电气公司）工程师。1955年回国后任中国科学院应用物理所研究员。在中国原子弹、氢弹的研制工作中，陈能宽领导和组织爆轰物理、特殊材料冶金、实验核物理等领域的研究工作，为中国核武器的研制、国防尖端科学技术的发展、推动激光技术领域研究作出重大贡献。

中国第一颗原子弹爆炸成功后，陈能宽慷慨赋词《清平乐·记我国首次原子弹试验成功》：“东方巨响，大漠天苍朗。云似蘑菇腾地长，人伴春雷鼓掌。欢呼成果崔巍，称扬举国雄飞。纸虎而今去矣，神州日月增辉。”这首词记述了1964年那次惊心动魄的核爆场面，词调高亢，句句彰显新中国自立自强、傲然于东方的气概，是陈能宽等老一辈核武器科学家壮志雄心终为国效力、饱经折辱必扬眉吐气的内心呐喊。在美留学期间，工作的便利和物质的丰足从未动摇过陈能宽归国的决心，他将祖国的需要作为实现人生价值的最高目标，历经波折终于冲破重重阻挠回国，参与到新中国核武器研制的伟大事业中，为我国的重大战略决策作出了不可磨灭的贡献。

曲折漫长的归国之路

大学毕业后，一心希望在矿冶领域作出成就的陈能宽参加了留学考试，并收到了耶鲁大学的录取通知，1947年秋，他携妻子裴明丽远赴美国求学。3年后，陈能宽凭借出色的成绩获得了耶鲁大学物理冶金学博士学位，历任约翰斯·霍普金斯大学机械工程系物理冶金副研究员、助理教授。在这段时间里，陈能宽在金属物理领域的研究突飞猛进，他与合作者开创性的发现打消了材料学界对位错理论的质疑，这一里程碑式的发现引起了学术界的极大关注。

1948年，解放战争已接近尾声，在美的留学生们也时刻关注国内局势。1949年留美中国科学工作者协会成立，发表了题为《我们的信念和行动》的宣言，号召留学生尽早回国效力。同年12月，周恩来总理通过北京人民广播电台，代表中国共产党和中央人民政府郑重邀请在海外的留学生回国参加新中国建设。陈能宽与同门师兄颜鸣皋组织材料专业的中国留学生成立了“留美科协金属小组”，一边组织学术活动，一边参与到协助留学生回国的工作中。

此时的世界正笼罩在冷战阴云之下，麦卡锡主义甚嚣尘上，美国政府以维护国家安全为借口，禁止自然科学、工程学、医科等学科的中国留学生返回大陆，并通过“硬软”两手政策操控：一方面，向有意愿回国的留学生出示禁归令；另一方面，调整相关政策使一部分留学生可以长期在美国居留、工作。这期间，参与过留美科协活动的学生相继被传讯、搜查、羁押，1950年9月留美科协被迫解散。

尽管学生组织遭到破坏，但留学生们仍自发组织反抗美国政府的禁归令。当时已经在约翰斯·霍普金斯大学工作的陈能宽不仅通过书信与李恒德、师昌绪、张兴钤等商量回国策略，还多次带家人参加聚会，共同商讨回国大计。在美科学家的归国筹备活动引起了美国当局的注意，1952年底移民局在搜查李恒德家的时候发现了陈能宽的书信，并由此开始侦查、刺探陈能宽和家人的行踪。每隔两星期，陈能宽的同事和邻居都会受到联邦调查局的盘问，这样的纠缠令陈能宽感到十分厌恶。为了“曲线回国”，陈能宽还试图通过英国大学聘任的机会绕道回国，但在离美的关键当口，移民局拒绝了他的离境申请，并以他曾是留美科协组织者、订阅中文报纸等理由控告他危害美国安全。

为了防止被羁押，陈能宽与移民局打了半年官司，致使他绕道英国回国的计划未能成行。1954年，陈能宽与移民局的官司胜诉，之后收到了移民局发放的永久居留证。这时的陈能宽已经担任西屋电气公司研究实验室的工程师，在美国有了一定事业基础，妻子和几个孩子也在他身边，但陈能宽对美国政府的拙劣手段感到十分愤慨，他归国的信念并未动摇。陈能宽在回忆这段经历时这样说：“我和我的爱人都是中国人。我们出国求学的目的当然是为了学成归国，而绝不是想永远侨居美国的。”

1954年日内瓦会议召开，留学生回国问题是中美磋商的议题之一。在新中国代表团的严正交涉下，美国政府撤销了对部分留学生的禁归令。陈能宽一家终于登上了“威尔逊总统号”邮轮，经香港返回祖国。

摸索中前进的核武事业

回国后的陈能宽在中科院应用物理研究所工作，继续做金属物理方面的研究。他注重理论与实践结合，盯住了金属单晶体的工业应用方向，不断扩大实验规模。

到了1960年5月，李觉将军找陈能宽谈话，称“国家要研制一种‘新产品’”，想让陈能宽负责“爆轰物理方面的研究”。陈能宽理解了这个“新产品”是原子弹，就问：“我是搞金属物理的，搞过单晶体，可是从来没有搞过原子弹。是不是调错人了？”在场的朱光亚、钱三强等人说，中国人谁也没有研制过原子弹。“以战止战，以核抑核”，新中国发展核武器势在必行。陈能宽接受了这个重大而艰巨的任务，为了国防事业，他决定从头学起，全力投入这一全新的科学领域。

随后陈能宽调入了北京九所，任爆轰物理研究室主任。他开始接触雷管和炸药，从“实验研究途径”来解决核武器最为关键的爆轰设计。“爆炸”与“爆轰”跨越了科学发展的两个时代，当时中国在爆轰物理学方面的积累几乎是空白的，陈能宽为此“啃了”大量俄文、英文版本的理论书籍和期刊。他还向同事们推荐这些文献，并倡导大家广泛查阅资料并组织研讨，严谨的学术作风为他们的工作打下了坚实的基础。在工作程序上，陈能宽与同事们摸索，形成了“分头调研有设想—执行中间有目标—完成之后有总结”的“三部曲”式工作步骤，将理论、实践与反思相结合，行之有效地推进了工作。这套方法被工作组一直沿用，也培养了大批青年骨干。

“核爆轰试验”进入实战阶段后，陈能宽与同事们更是面临重重困难。实验条件简陋、铀等原料奇缺、经费不足，却要测试最尖端的爆轰技术，陈能宽不能像美国同行那样在一次次实验中从容地获得数据，而是依靠他在金属物理、材料学等方面的学术功底，创造性地发明了“冷试验”的方法，从概念、理论入手，用简单、安全的实验代替复杂、危险的实验，借助材料科学相似性原理，从钢材料、单个原件开始实验，逐渐到合金、组合件。团队工作量巨大却正值“大跃进”时期，粮食供应不足，年轻人常常吃不饱，饥饿的人们不堪浮肿病的袭击。环境恶劣，试验基地所在的塞外地区经常寒风刺骨、飞沙走石，好多人都长了冻疮。然而，再大的困难也不能阻挡陈能宽与同志们争分夺秒、夜以继日推进核武器事业的步伐，在恶劣的环境中，陈能宽常常亲临一线组织实验。

在攻关原子弹最关键的技术之一——聚焦元件的研制中，陈能宽选择了难度更大但应用更广的路径。他与刚刚分配到研究室的北京大学数学力学系的大学生刘文翰，用一台手摇计算机，边摇、边记、边修正，推导出公式，再利用实验数据反算，设计出元件后再拿到工地试验、修正。经过十几次设计论证，陈能宽团队设计出的原子弹起爆元件被正式应用于我国第一颗原子弹。

随着实验规模扩大，1963年陈能宽随北京九所转战到青海的西北核武器研制基地，大型聚合爆轰试验在这里逐步推进。1963年12月，缩比冷试验爆炸成功，验证了原子弹理论设计。1964年6月，首次实物全尺寸爆轰试验成功。1964年10月16日，中国第一颗原子弹爆炸成功，标志着中国掌握了核裂变武器研制技术。1967年6月17日，中国第一颗氢弹爆炸成功，标志着中国获悉核聚变武器的密码。在谈及中国很快研制出原子弹的原因时，陈能宽提到几个重要因素：目标选择正确、组织集中领导、自力更生为主、全国大力协同、科研组织没有“内耗”、攻关人员献身精神和集体主义精神。

陈能宽等老一辈科学家，以“为国做事”为使命与光荣，在几乎零基础的事业中迎难而上。他们严谨求实、甘于奉献、协同攻关，带出了有科研能力、有战斗力的队伍。他们的功绩树立起“两弹一星”事业的一座座丰碑，他们身上闪耀着中国科学家精神的熠熠光辉。共和国将永远铭记陈能宽等老一辈科学家克服万难、坚定不移的报国心，历史将永远铭记他们为中国核武器战略研究和发展作出的卓越贡献。

（石　磊　刘　婷）

师昌绪：从“材料人”到战略科学家

人物简介

师昌绪（1918年12月17日—2014年11月10日），金属学及材料科学家，中国高温合金和新型合金钢的重要奠基人，材料腐蚀与防护领域的开拓者。1945年毕业于国立西北工学院矿冶系，获学士学位。1949年获美国密苏里矿冶学院冶金硕士学位，1952年获欧特丹大学冶金博士学位，而后在麻省理工学院任助理研究员。1955年回国，1980年当选为中国科学院学部委员（院士），1994年选聘为中国工程院院士，1995年当选为第三世界科学院院士。曾获1985年度国家科学技术进步奖一等奖、2010年度国家最高科学技术奖等。

“八载隔洋同对月，一心挫霸誓归国。归来是你的梦，盈满对祖国的情。有胆识，敢担当，空心涡轮叶片，是你送给祖国的翅膀。两院元勋，三世书香。一介书生，国之栋梁。”——在“感动中国2014年度人物”颁奖典礼现场，一尊奖杯被放置在空心涡轮叶片和白玫瑰花旁，这尊奖杯的主人就是中国高温合金和新型合金钢的重要开拓者、战略科学家师昌绪。

致美国总统公开信，争取回国

1918年12月17日，师昌绪出生在河北省徐水县大营村的一个书香门第。1937年，七七事变爆发，自此，他的人生轨迹与国家兴亡、民族命运紧紧地联系在一起。生于忧患、长于忧患的师昌绪从小就立下强国之志。他意识到，中国要强盛，就必须发展自己的钢铁工业。1941年，怀揣实业救国的理想，师昌绪考入国立西北工学院矿冶系，四年平均成绩名列第一。

1948年8月，在国民政府统治下深感无用武之地的师昌绪赴美深造。他仅用9个月时间就获得了密苏里矿冶学院的硕士学位。1950年2月，师昌绪进入欧特丹大学继续学习，用不到两年半的时间以全A的成绩获得博士学位。

然而，朝鲜战争的爆发打乱了师昌绪博士毕业就回国任教的计划，他是美国明令禁止离境的35名中国留学生之一。滞留期间，师昌绪一边在麻省理工学院从事博士后研究工作，一边积极争取回国。面对美国政府的阻挠，中国留学生联名起草了一封致时任美国总统艾森豪威尔的公开信。师昌绪在波士顿的公寓中用旧的滚筒式油印机印刷了上千份公开信，并在纽约分发，为中国留学生回国争取社会支持。

在美期间，师昌绪取得了令人艳羡的科研成就。他曾主持美国空军研究课题“硅在超高强度钢中的作用”，基于这一研究成果发展出的300M超高强度钢，基本解决了飞机起落架经常发生断裂事故的问题，成为当时美国应用最广泛、声誉最好的起落架用钢。当得知这位学术新星想要回到中国时，师昌绪的合作导师莫里斯·科恩教授极力挽留，询问他是不是嫌工资低、职位低？师昌绪不假思索地给出了自己的答案：“这些都不是我要回国的理由，而是：自己是中国人应该回中国去，现在中国十分落后，需要我这样的人，而美国像我这样的人比比皆是，我在美国发挥不了多少作用。”

1955年6月，回国后，他服从分配进入位于沈阳的中国科学院金属研究所工作。为了更好地服务国家需要，他从原本擅长的物理冶金领域转向研究炼铁、炼钢、轧钢。他说：“人生观定了以后，它就永远不会变。我的人生观就是要使祖国强大。”这一爱国者底色贯穿了他默默奉献的一生。

接下“一步登天”的任务

20世纪五六十年代，国际形势转变，苏联专家撤离，党和国家决定大力发展航空航天事业，动力问题成为我国新型飞机自主设计方案中的重大关键项目。1964年寒冬的一个深夜，时任航空研究院副总工程师荣科敲开了师昌绪的家门，提出希望金属所承担空心涡轮叶片的研发任务。国内曾有专家认为，研发空心涡轮叶片相当于要一下实现十几年的跨越式发展，这无异于异想天开、一步登天，根本就是一个不可能完成的任务。

在一无专家、二无资料的情况下，师昌绪毫不犹豫地接下了这一任务。他说：“我心中无底，但是我知道有答案。答案就是美国做成了，我们一定能做成！”在师昌绪带领下，课题组仅用了一年时间就攻克了造型、脱芯、合金质量控制等一系列难关。1966年12月，由我国自主研制的第一片铸造九孔空心涡轮叶片装机试车成功，为“战鹰”换上了新技术的“心脏”。1967年，装配空心涡轮叶片的歼8战斗机高空飞行时速超过苏联样机10%以上。有人形容师昌绪是“用百米冲刺的速度完成了一次马拉松长跑”。空心涡轮叶片的诞生使我国涡轮叶片的发展一步迈上了两个台阶：一是由锻造合金改为真空铸造合金，二是由实心叶片变为空心叶片。同时，这也使我国成为继美国后第二个掌握这项尖端制造技术的国家。

师昌绪认为，材料科学研究的价值不仅在于发表学术论文，研究成果还必须对国家工业生产作出真正贡献，因此他十分重视下厂推广。1975年，航空工业部将空心涡轮叶片的生产基地由沈阳410厂转移到位于贵州平坝的170厂。年近六旬的师昌绪带队赴贵州协助生产，与其他技术人员一起，住的是最简易的招待所，吃的是发霉的大米，喝的是未经消毒的河水，夜以继日地工作了几个月，手把手地向工人传授专业知识技能，大大提高了该厂生产空心涡轮叶片的合格率，助力几百架军机翱翔蓝天。

国家需要什么，师昌绪就研究什么。除空心涡轮叶片外，师昌绪在铁基高温合金、真空铸造、金属腐蚀与防护、材料失效分析、节镍铬高合金钢的研究与推广等方面都作出了重要贡献。

爱管的“闲事”都是国家大事

“战略”意味着前瞻性、系统性、长远性。战略科学家的思想不能仅局限于自己的专长领域，更要着眼于我国科技事业的全局。师昌绪认为，一个战略科学家应具有胆识、全局观念和勇于负责的精神。只要是我国的重大科技问题，师昌绪都走在前面，不发空论、实事求是，提出符合我国国情的、切实可行的方案和建议。

两个“唯一”显示出师昌绪在我国科技事业发展中扮演着举足轻重的角色。1986年2月，以支持基础研究为使命的国家自然科学基金委员会成立，师昌绪任副主任。为了将全部精力投入这个新单位，师昌绪将组织人事关系转入基金委，成为基金委当时“唯一”一位在编的学部委员。1992年春，师昌绪与其他5位学部委员联名向中央递交了《关于早日建立中国工程与技术科学院的建议》，并作为中国工程院筹备组6位副组长中“唯一”的倡议科学家代表，起到了上下沟通、内外协调的关键作用。

师昌绪爱管“闲事”，但他管的都是本不归他管、别人不愿管，但又关乎国家利益的“闲事”。他常说，要想使祖国强盛，就要做别人不敢做的事。高性能碳纤维是发展先进歼击机和导弹所必需的复合材料的重要组成部分。然而，我国碳纤维研发几十年来一直“攻而不破”，被工业先进国家“卡脖子”，国防安全受到很大威胁。2000年，师昌绪决定要“抓一下碳纤维”。有人认为，这是一块“最难啃的骨头”，劝他“苦海无边，回头是岸”。师昌绪不以为然，将这句话改写为“苦海有边，回头无岸”，并坚持说，“作为一个材料科学家，这个问题不解决，无法面对国人！”即使在生命的最后时刻，国家的科技事业依然是师昌绪最惦念的事。

从“材料人”到“战略科学家”，师昌绪的每一个脚步都踏在国家最需要的地方——“使中国富强是唯一的目的，只要是对中国有好处的，我都干！”以爱国精神为鲜明底色，以过硬的科研业务能力为坚实基础，以在科技管理咨询中发挥重要作用为应尽之责，师昌绪的一生充分展现了战略科学家的特质。

（武晨箫）

1956年

陆元九：初心不改的“惯性导航”巨擘

人物简介

陆元九（1920年1月9日—2023年6月6日），1920年出生于安徽省滁州市来安县，自动控制、陀螺及惯性导航技术专家，中国航天科技集团科技委顾问，我国自动化科学技术开拓者之一。1941年，陆元九从国立中央大学航空工程系毕业后留校任助教；1945年，入美国麻省理工学院深造；1949年，获仪器学专业博士学位，毕业后先后被聘任为麻省理工学院副研究员和研究工程师；1956年，担任中国科学院自动化研究所副所长；1965年，主持组建了中国科学院液浮惯性技术研究室并兼任研究室主任；1968年，到航天工业部门工作，历任北京控制器件研究所所长、航天工业部总工程师；1980年，当选为中国科学院学部委员（院士）；1994年，当选为中国工程院院士；2021年6月29日，中共中央授予陆元九“七一勋章”。

陆元九为“两弹一星”工程及航天重大工程建设作出卓越贡献。他的求学之路、赤子之情、奉献之功、创新之道、仁者之风，是老一代科学家求索报国的缩影，诠释着共产党人不变的初心使命，见证着百年来中国的苦难辉煌。

中国内地第一批系统学习航天技术的大学生

1920年1月9日，陆元九出生在安徽省滁州市来安县，由于生在元月九日，父亲为其取名“元九”。父亲是中学数学教员，非常注重子女教育。从小受到良好教育的陆元九初中毕业后，考取了知名的江苏省立南京中学。在南京，他参加了学生抗日救国运动，开始思考“国难当头如何精忠报国”的问题。日军飞机的狂轰滥炸，激起了他的强烈愤怒，他准备从事报效祖国的航空事业，打击日本侵略者。1937年，陆元九报考国立交通大学和国立中央大学，八一三事变后，国立交通大学无法开学，已经迁往重庆的国立中央大学录取了陆元九，由此成为国立中央大学航空工程系招收的首批本科生，也是中国内地第一批系统学习航空技术的大学生。

在烽火硝烟中，陆元九逆江而上，经由武汉、宜昌到达大后方重庆。陆元九在山顶搭建的平房里上课，为躲避日军飞机的轰炸，有时还要在防空洞中学习。毕业后，他留校任助教，广泛学习航空工程相关领域理论知识。凭着扎实的专业基础，陆元九被选拔为第一批赴美公费留学生，并于1945年出发赴美留学。

世界第一位惯性导航领域博士

陆元九进入美国麻省理工学院航空工程系学习。他没有选择驾轻就熟的发动机相关专业，而是决定学习有挑战性的仪器学，师从著名自动控制专家、被誉为“世界惯性导航技术之父”的德雷珀教授。这个专业需要学习新课程，完成论文前还要进行合格考试，它的难度使得许多人望而却步。陆元九珍惜来之不易的留学机会，在宿舍和学校两点一线，几乎不去其他地方。靠着刻苦钻研和扎实的研究功底，1949年陆元九成为世界上第一位惯性导航领域的博士。时年29岁的他被麻省理工学院聘为副研究员。

1949年成立的新中国，百废待兴，急需人才。陆元九准备和妻子王焕葆一起回国效力。但是，由于中美两国没有建立外交关系，不能办理回国手续。他从事的研究属于重要机密，美国当局强迫他办绿卡永久居留。为了减少回国的阻力，他多次拒绝入籍，并着手从事密级低的工作，陆元九先退出了科研小组，转到一个研究原子弹爆炸破坏效应的实验室，1954年，陆元九离开实验室，到福特汽车公司研究所进行民用科技研究。

抗美援朝战争结束后，中美达成协议，用战争中的美国俘虏换取中国留学人员回国。几经周折，陆元九终于办好了回国手续，1956年4月，陆元九和妻子、3个孩子从旧金山登上了返回祖国的轮船。经过23天的航行，才回到香港。陆元九回忆归国之旅时动情地说：“过了罗湖桥到内地，这短短几分钟，我一辈子都不会忘记，那几分钟，就像从一个世界走到另外一个世界，我那时候就知道什么叫回国，什么叫祖国。”陆元九后来谈起回国的抉择，语言平实，情感真切：自己是中国人，回去给中国人做点事情；近20年没回家，应该回去看看父母；孩子逐渐长大，希望将来别再像自己那样受歧视。正是“一寸丹心图报国，两行清泪为思亲”。

在世界上首次提出“回收卫星”概念

回国后不久，陆元九被分配到中国科学院，参与筹建自动化研究所。可以说是白手起家，条件艰苦，研究设计没有任何原始数据，从办公场地的落实，到试验设备的购置，再到研究队伍的组建，他都亲力亲为，在“荆棘里拓荒”，但陆元九坦言，“祖国永远是我的挚爱。在自己的祖国工作，再苦再累都是快乐的”。他用热血、汗水为祖国实现火箭升空、卫星环绕、九天揽月、踏足火星的壮丽梦想贡献了自己的力量。

1958年，毛泽东发出“我们也要搞人造卫星”的号召。中国科学院自动化研究所的任务由原来的工业自动化转向探空火箭、卫星方面。陆元九大胆提出，要进行人造卫星自动控制的研究，而且要用控制手段回收。这是世界上首次提出“回收卫星”的概念。经过两个多月的实验研究，1958年10月，陆元九与同事研制出运载火箭结构图和我国第一个探空火箭仪器舱模型。20世纪60年代初，陆元九在中科院、中国科学技术大学同时负责多项工作，每天平均工作十几个小时。1964年，倾注其大量心血的《陀螺及惯性导航原理（上册）》出版，这是我国惯性技术方面最早的专著之一。他提倡“元件为主，测试设备先行”的研制方针，对我国惯性技术的发展起到了重要推动作用。1965年，陆元九主持了我国单自由度液浮陀螺、液浮摆式加速度表和液浮陀螺稳定平台的研制，还在长春研制出我国第一台大型精密离心机。

1978年，58岁的陆元九担任北京控制器件研究所所长，为新一代运载火箭确立惯性制导方案，并开展了多项关键技术预研。他一直倡导要跟踪世界尖端技术，并在型号工作中贯彻“完善一代、研制一代、探索一代”的精神。在陆元九的领导下，国家批准建立了惯性仪表测试中心，为我国惯性仪表研制打下坚实基础。他还充分利用对外开放的机会，多渠道聘请专家、组织国际会议，进行技术交流，引进人才，引进先进技术，为我国惯性技术的发展作出了重要贡献。

陆元九特别重视人才培养，为培养新一代航天人、确保航天事业可持续发展作出了突出贡献。1984年，他担任航天工业部总工程师、

陆元九参加学术会议

科技委常委。他不但关注学科教育，更注重在科研机构岗位上对人才进行培养。他建议航天系统重视培养高学历人才，航天人才断层问题逐步得到解决。2000年以后，耄耋之年的陆元九依旧活跃在航天一线。在他看来，让年轻人“进步快一点”，一代接一代才能擎起航天事业的旗帜。由他发起的航天人才科学作风培养工程获得中国航天科技集团肯定并得到了协同推进，一批求真务实、尊重科学实践、具有良好科研素养的领军人才脱颖而出，肩负起我国航天事业的艰巨重任。

既要有跑百米的冲劲，又要有跑万米的耐力

陆元九深刻认识到航天工作的特殊性质，对质量和安全必须有极高要求，他特别强调科研人员必须要有科学严谨的态度，提出“上天产品，99分不及格，相当于零分。100分才及格，及格了还要评好坏。”要认真对待工作中的每一项理论分析、每一份设计文件、每一次试验、每一个数据，容不得半点疏漏。陆元九说，作为一名科技人员，应按18个字要求自己：勤于学习、善于思考、精于分析、严格、认真、执着。

“知之为知之，不知为不知，是知也。”陆元九特别强调从事研究工作必须具备实事求是的态度，“老老实实干活，老老实实做人，不能说任何假话，懂就懂，不懂不能装懂”。“如果不把技术问题吃透，是要吃亏的。如果技术问题搞不清楚，腰杆子就不硬。”1996年，我国“长征三号”乙运载火箭首次发射失败，点火后2秒，火箭发生倾斜，飞行20秒左右坠落焚毁。这次灾难性的事故，使中国航天事业遭受重大挫折。为了尽快找出故障、查明原因，76岁高龄的陆元九临危受命。他身先士卒，不顾年事已高连日工作，夜不成寐，最终彻底查清问题，找到了故障原因。长期的科研工作使他对创新有独到的理解，把创新当作一场没有终点的长跑，“做这项工作既要有跑百米的冲劲，又要有

跑万米的耐力”。

辗转求学，经千回万转；海外留学，行千山万水；归国之旅，历千难万险；白手创业，尝千辛万苦；情系航天，谋千方百计。陆元九历经风雨，但报国初心不改，爱国激情不变。“我们这一代人就是要把毕生最宝贵的年华奉献给国家和民族”，这是陆元九的初衷和心声，也是对新时代广大科技人员的嘱托和号召。

（黄　涛）

郭永怀：把生命献给我国核事业

人物简介

郭永怀（1909年4月4日—1968年12月5日），山东荣成人，中共党员，著名力学家、应用数学家，中国科学院学部委员（院士），我国核武器事业的先驱，“两弹一星”功勋奖章获得者，中国近代力学事业的奠基人之一。1935年毕业于北京大学物理系，1940年留学加拿大，1941年获加拿大多伦多大学硕士学位，1945年获美国加州理工学院博士学位，1946年起受聘于美国康奈尔大学航空工程研究生院任教。1956年回国后，参加规划我国力学发展蓝图，在空气动力学等力学学科建设及培育力学人才方面作出了杰出贡献。先后领导、参与“两弹一星”研制和试验工作，解决了核弹研制和试验中力学方面的许多重大难题，且在推进核弹武器化方面有着突出贡献，是“两弹一星”元勋中唯一在核弹、导弹、地球卫星三个领域都作出重大贡献的科学家。

郭永怀海外研学十六载，异域扬名时却毅然放弃优越条件，冲破美国政府的重重阻挠，如愿返回祖国的怀抱。他扎根大漠五个春秋，隐姓埋名却又无怨无悔、风餐露宿而不轻言放弃，为我国“两弹一星”

事业立下了汗马功劳。他科技报国守一生，在遭罹空难的生死关头，仍不忘将国家核机密文件死死抱在怀中。文件完好无损，他却永远地离开了我们……

冲破重障：赫赫金凤终还巢

1956年9月，伴随着汽笛的一声长鸣，“克利夫兰总统号”邮轮从美国向西驶向中国。船上，几位中国科学家欢欣鼓舞、喜极而泣，其中一位便是郭永怀。学成归国尽早报效祖国，郭永怀海外研学十六载，日思夜想的就是这一天。而这一天却实属来之不易！

1940年9月，郭永怀来到加拿大多伦多大学攻读硕士学位。1941年5月，郭永怀又奔赴当时的国际空气动力学研究中心——美国加州理工学院古根海姆航空实验室，师从著名航空大师冯·卡门攻读博士学位，投身影响他一生的空气动力学研究。1945年，他以有关跨声速流动不连续解的优秀论文获得博士学位。1946年，他受聘于康奈尔大学航空研究院任教。之后他同钱学森一起提出“上临界马赫数”概念，为人类突破“声障”难题即跨声速飞行奠定了理论基础，他在跨声速研究领域的学术成就博得了世界公认。为了解决跨声速气体动力学的一个新难题，他尝试运用并发展了奇异摄动理论，形成一种新的数学方法，即国际社会公认的PLK（庞家勒-赖特希尔-郭永怀）方法，并在多个学科广泛应用。

1956年，47岁的郭永怀不仅是美国康奈尔大学的教授，而且已经是享誉国际的知名科学家，尤其是在与航空工业密切相关的空气动力学和应用数学方面有着瞩目的学术成就。

1949年新中国的成立，引燃了郭永怀科技报国的初心。听到这个消息，他再也按捺不住了，恨不得马上投入新中国热火朝天的建设浪潮当中。谈起回国原因，郭永怀1957年曾在《光明日报》撰文写道：

“这几年来，我国在共产党领导下所获得的辉煌成就，连我们的敌人，也不能不承认。在这样一个千载难逢的时代，我自认为，我作为一个中国人，有责任回到祖国，和人民一道，共同建设我们美丽的山河。”

令郭永怀万万没有想到的是，他在应用数学和空气动力学方面的重要成就和国际声望，却成了学成归国的羁绊。当时刚成立的新中国和美国关系十分紧张，在两国这样的外交关系背景下，美国政府绝不允许像郭永怀这样的知名科学家回到祖国。

久旱逢甘霖，一个好机会终于来了！

由于1954年日内瓦会议期间中国代表的据理力争，美国政府在1955年4月4日正式宣布撤销禁止中国留学生回国的命令。苦等了六年之久，郭永怀终于看到了回国的曙光。即便如此，回家的路也并没有像他想象得那么顺利。但为了回到祖国，郭永怀愿意付出一切代价，哪怕是自己视若珍宝的科研资料和讲义手稿。

据郭永怀的夫人李佩回忆，回国前夕，郭永怀曾两次烧毁自己积累十多年的科研资料和讲义文稿。一次是在自家院子里，郭永怀亲手烧毁了自己一大批科研资料和讲义文稿。还有一次是在康奈尔大学同事为郭永怀举办的饯行野餐会上，他当众烧毁了自己一部即将完成的书稿。这样的举动，让在场的美国同事惋惜不已，也曾让李佩倍感不解。

直到后来，他们登上回国的邮轮，美国移民局和联邦调查局几个工作人员检查他们的行李时，李佩才恍然大悟。在此之前，郭永怀的师兄钱学森回国时，就是因为携带一些科研资料而被滞留美国多年。没有了携带科研文稿被扣留的麻烦，美国政府方面的检查终归是有惊无险，他们再也没有阻挠郭永怀“回家”的理由了。

1956年11月，郭永怀一家终于抵达广东罗湖口岸，踏上了阔别十六年的家园故土。双脚踩在这片熟悉而又崭新的土地上，他感到无比踏实、前所未有的自由自在，他已经做好施展才华的准备。

临危受命："两弹一星"功勋著

新中国成立之初百废待兴，发展壮大独立民族工业体系急需一大批力学人才和力学专业机构。郭永怀甫一回国，便全身心投入中国力学学科建设、科学研究和人才培养的事业中，先后负责中国科学院力学研究所的科技领导工作、中国科学技术大学化学物理系筹建、制订新中国"十二年科技规划"中力学学科规划等工作，为我国近代力学发展打下了坚实基础。

20世纪50年代末60年代初国际局势的新变化，让郭永怀的人生轨迹同国家命运一道，再次发生重大变化。

抗美援朝战争和第二次台湾海峡危机期间，美国多次威胁对中国使用核武器。面对美国的一次次核讹诈、核威胁，1955年，中共中央决定发展原子能事业、研究原子弹。屋漏偏逢连夜雨。1960年，苏联政府突然决定撤走所有在华技术专家，并拒绝向中国提供原子弹的数学模型和技术资料。这一重大变故，让中国依靠苏联"老大哥"发展核武器的美梦化为泡影。

郭永怀便是在这样的危机形势下，接受党中央和国家安排，临危受命，投身中国核武器研究的。美国的核讹诈、核威胁，苏联技术专家撤离中国等诸多事件，也让郭永怀更加清楚地认识到：把科研论文写在祖国大地上，才能更好地实现科技报国的志向。

1960年，在钱学森的大力推荐下，郭永怀被任命为二机部九院（后改名为中国工程物理研究院）副院长，专门从事我国核武器研制，同王淦昌、彭桓武一起组成了中国核武器研究最初的三大支柱。其中，王淦昌负责物理实验，彭桓武负责理论设计，郭永怀负责力学方面的技术领导工作，具体主要负责核武器的结构设计、强度计算和环境试验。

郭永怀和中国科学技术大学学生

郭永怀（左三）、王淦昌（左一）、邓稼先（右二）在核试验基地

1963年，为了加快核武器研制步伐，中央决定在青海建立核试验基地，郭永怀等一大批专家从此隐姓埋名、扎根大漠。从那时候起，已经年过半百的郭永怀，不畏条件艰苦和气候恶劣，忍受克服高原反应，跟年轻人风餐露宿、同吃同住同工作，坚守在爆炸试验现场。

1964年10月16日，我国第一颗原子弹爆炸成功。1966年10月27日，我国第一颗装有核弹头的地地导弹飞行爆炸成功。1967年6月17日，我国第一颗氢弹空爆试验成功。为了这一刻的来临，郭永怀几乎倾注了全部的心血，他等待了太久……

关于郭永怀对我国核武器研制作出的贡献，我国核科学事业的开拓者、"两弹一星"元勋朱光亚院士曾给予这样的评价：在研制我国第一颗原子弹时，郭永怀提出了以"内爆法"原子弹为主攻方向，并领导大家建立了爆轰过程的计算模型和计算方法；同时还出任场外试验委员会的主任委员，经常深入现场指导爆轰试验，为我国原子弹研制工作的突破付出了大量心血。郭永怀十分重视原子弹、氢弹的武器化，领导开展了核武器的总体结构设计、环境模拟试验等与力学相关的工作，建立了一整套设计、试验方法和试验设施，为核航弹试验、导弹原子弹"两弹结合"试验、氢弹试验等一系列重大试验的安全与成功，为我国核武器事业的长远发展作出了重要贡献。

郭永怀为我国航天事业初期的发展也作出了突出贡献，是"两弹一星"元勋中唯一一位在我国核弹、导弹、地球卫星三个重要领域都作出巨大贡献的科学家。他积极倡导我国发展航天事业，参与我国航天事业发展规划，参加重大技术课题的研究工作，参与组织中国科学院人造卫星（包括回地式卫星）的研制工作。1965年，我国第一颗人造卫星研制工作启动，郭永怀负责的便是"东方红"卫星本体及返回卫星回地研究的组织领导工作。1970年4月24日，在郭永怀不幸去世两年后，我国第一颗人造卫星"东方红一号"发射成功，这也算是对他在天之灵的莫大告慰。

以身许国：空难难撼报国志

科技救国、科技报国，是郭永怀一生守护的初心，终生不渝的志向。

郭永怀出生在战火纷飞的旧中国，外敌入侵、家国遭辱，让他青年时期便在心中埋下了科技救国、科技报国的种子。在国内求学期间，他便深切地感悟到，没有强大的军事工业实力，很难彻底改变中国落后挨打的局面。为此，他曾经“弃理从工”，放弃自己心爱的光学专业，转投与航空工程专业密切相关的力学学科。这也是他出国留学决心师从著名航空大师冯·卡门的重要原因。

1963年我国在青海建成核试验基地后，郭永怀出于工作需要，经常往返于北京和青海之间。为了保证像郭永怀这样的科学家的安全，中央领导特别叮嘱他们尽量不要乘坐飞机。但为了节省时间加快科研和试验进度，郭永怀经常选择乘坐飞机往返北京和青海之间。

1968年10月，郭永怀再一次来到青海核试验基地，为我国第一颗热核导弹发射试验做准备。12月4日，他在试验中发现了一个重要线索，便让人赶紧联系飞机，急匆匆从青海赶到兰州，换乘飞机连夜赶回北京。没有想到的是，他这次与大家的再见竟变成了永别。

12月5日凌晨，当飞机在北京的机场缓缓降落时，飞机出现了严重故障失衡坠毁，郭永怀不幸遇难。搜救人员在飞机残骸中找到郭永怀的尸体时，发现他跟警卫员紧紧地抱在一起，当人们将他们分开时，现场的工作人员震惊了。两个人怀中紧紧抱着的是一个公文包，里面是保护完好的核武器绝密资料。在郭永怀牺牲后的第20天，1968年12月25日，我国第一颗热核导弹试验成功。

“要知松高洁，待到雪化时。”直到生命的最后一刻，郭永怀首先想到的不是个人安危，而是誓死保护好事关国家安全的绝密资料。郭永怀学成归国、报效祖国的爱国精神，追求真理、严谨治学的科学精神，淡泊名利、潜心研究的奉献精神，是留给我们的宝贵精神财富。

1968年12月25日，郭永怀被追认为烈士。1999年，郭永怀被追授“两弹一星”功勋奖章。2018年7月，经中国科学技术大学和中国科学院紫金山天文台联合申请，国际小行星中心发布公告，将编号为212796号的小行星永久命名为“郭永怀星”。

郭永怀——这颗夜空中耀眼的巨星，永不陨落！

（董大伟）

1956年

王承书：只要祖国需要，“我愿意”

人物简介

王承书（1912年6月26日—1994年6月18日），祖籍湖北，出生于上海，理论物理学家、核物理学家、工程物理学家，中国科学院院士，优秀共产党员，我国铀同位素分离理论奠基人。1936年，王承书从燕京大学物理系毕业，获硕士学位；1941年入美国密歇根大学深造，1944年获博士学位，毕业后先后被聘为密歇根大学副研究员、研究员，两度在普林斯顿高级研究所工作；1956年回国后，任中国科学院近代物理研究所理论研究室研究员、副主任；1958年，任中国科学院原子能研究所热核聚变研究室主任；1961年，任中国科学院原子能研究所铀同位素分离研究室研究员、副主任，从事中国第一颗原子弹高浓铀装料研制工作；1964年，任华北六〇五所研究员、副所长，大型气体扩散机总设计师；1973年，任第二机械工业部第三研究院研究员；1978年，任核工业部研究员，科学技术局总工程师；1980年，当选中国科学院学部委员（院士）。

电影《我和我的祖国》中呈现了一场“沉默”的相遇：一个内向的男孩冒着核辐射危险成为“逆行者”，他与女友在一辆公交车上相遇，因工作高度保密而拒绝相认。这一角色的沉默，就是为了1964年10月16日那一声巨响，茫茫的戈壁滩上升起了无比壮观的蘑菇云，中国第一颗原子弹爆炸成功，这一声巨响震惊世界。这枚原子弹的背后，凝聚了科技战线上很多无名英雄的默默付出。其中就包括这样一位女英雄——王承书。

不是我不爱美国的优厚生活，而是我更爱自己的祖国

1912年6月26日，王承书出生在上海的一个书香门第。王承书的名字取自《尚书》，她自幼聪慧，主要兴趣在数学和物理上，她的数学成绩几乎每次都拔得头筹。1930年，18岁的王承书考入燕京大学物理系。在燕京大学的几年里，她作为班里唯一的女生，成绩一直在系里名列榜首。1941年，王承书争取到了美国巴尔博奖学金，当时的密歇根大学从未接收过已婚妇女，由于王承书的优秀，密歇根大学的教授们破例将她录取。她和老师——国际物理学权威乌伦贝克一起进行气体输运理论研究，并在1951年提出了一个在日后被称作“王承书-乌伦贝克方程”的观点，一经发表便轰动世界物理学界，至今仍被沿用。乌伦贝克多次称赞她是“了不起的人才”。1980年，乌伦贝克在《流体力学年鉴》上发表文章，对他与王承书在这一时期的研究做了回顾和高度评价。随着“张氏原子”的发现，王承书的丈夫张文裕也取得了巨大的科学成就。按照美国法律规定，连续在美国居住5年就可以申请加入美国国籍，但王承书与丈夫却不愿意加入美国国籍，他们准备随时回国，报效祖国。

新中国的诞生，强烈地激起了王承书报效祖国的赤子之心，虽然中国穷，进行科研的条件差，但她坚定地表示：条件是要人去创造的，我

不能再等别人来创造条件，我要参加创造条件、铺平道路的行列。王承书让西方科学界深信，她若继续在美国坚持研究下去，日后有极大可能获得诺贝尔奖！回国前，王承书夫妇因为在物理学方面颇有建树，物质生活上很富裕。体面的工作、优厚的待遇、幸福的家庭……对于大多数女性而言，都应该对这种生活状态感到满足了。王承书后来回忆说：当初，不是我不爱美国的优厚生活，而是我更爱自己的祖国。

王承书的爱国精神不仅体现在为国尽责上，还体现在为国担当上。王承书的学生诸葛福在一篇文章中讲到过这样一件事。1974年，大型扩散机的关键部件之一——动密封通过了单台试验，性能良好。国防科工委和二机部主要领导来研究院召开会议，商讨定型问题。在会上，汇报人夸大了动密封的成绩，认为可以定型，上级部门很高兴，会议呈现出可以定型的气氛。科技人员虽有不同意见，但没机会发言，也不敢发言。此时，王承书本着实事求是、对国家负责的态度，大胆地提出异议。她请求上级再给半年时间，在短级联上做扩大试验再做定论。王承书的意见言之有理，获得与会者和上级主管部门的赞许。事实证明，经多次扩大试验，动密封确实不具备工业生产条件，王承书用自己的科学精神和担当精神为国家避免了因决策失误而造成的损失。龚育之曾在《论科学精神》一文中讲道，如果用最简洁的语言来概括，用我们国家最多的人最熟悉的语言来概括，那么应该说：科学精神最根本的一条就是实事求是。在科学界现在有这样一种现象：在做各种项目评审中，很少有人去批评，哪怕觉得这个项目很不好，大家总也不说话。针对这种现象，王承书的所作所为就是一面镜子，爱国有的时候就体现在每一个人在自己的工作岗位上是否敢于做到实事求是。

“我愿意”“我愿意”“我愿意”

回国后，王承书在笔记中写下：1956年10月6日是我难忘的一天，在离别了15年的祖国国境上，第一次看到五星红旗在空中飘扬，心里说不出的兴奋，我要为国家作贡献，国家需要什么，我就干什么。1958年，我国筹备建设热核聚变研究室，组织希望能调王承书去挂帅，这个领域当时在国内还是一片空白，也是她从未接触过的陌生领域，对46岁专业已经定型的王承书而言，是一个充满风险的巨大考验。面对钱三强的邀请，王承书毫不犹豫地说出了：“我愿意。”这个选择，对王承书个人来说也是一个很重要的转折点，如果接受这项任务就意味着她要和8岁的儿子分开生活，只有周末能见到儿子。对于一个母亲来说，肯定会有不舍。但她明确表示：这项工作谁都没干过，谁干都不容易。别人的工作都已经上了轨道，而且还带着年轻的同志，只有我刚回国工作，还是我去干，对工作的影响最小。接手工作后，王承书马上就带领一些同志到苏联去学习，学习结束，在坐火车回国七天七夜的路途中，她把带回的资料全部翻译成中文，很快出版问世。经过两年的努力，王承书带领着一支理论队伍，填补了我国在热核聚变理论方面的空白，为我国受控热核聚变和等离子体研究奠定了坚实的基础。

正当王承书准备在热核聚变领域进行更深层次的研究时，一个突然的情况，不但再次令她从零开始，而且让她从国际物理学领域彻底“消失”了。当时，我国浓缩铀生产陷入困境，而浓缩铀是制造原子弹的核心技术。面对这种形势，1961年3月，钱三强再次找到王承书：承书同志，现在国家需要你再次转行，这件事情要绝对保密，你看行吗？“我愿意”，她不假思索地说出了这三个字。这次的选择，意味着她要放弃之前在物理学领域取得的所有成就，从此隐姓埋名。钱三强对王承书强调，这件事情连丈夫张文裕都不能告诉，而且可能要和家人分开很久，也许还要隐姓埋名一辈子。王承书默默地说：没关系。

时任副总参谋长张爱萍曾经到铀浓缩厂做过一次调研，他问到有无把握按时生产出合格的产品时，把目光投向了王承书。王承书坚定地回答：可以。张爱萍又问，有什么依据。王承书回答：我们在原子能研究所所做的理论计算和实验证明，能保证按时出合格产品。她说：在我的承诺中，除了对孩子的承诺不能兑现，其他的都能兑现。这就是一言九鼎！

在王承书及同事提前完成供给我国第一颗原子弹的装料任务后，上级领导给予了高度评价，王承书只说了一句话：这都是大家的功劳。1964年4月12日，邓小平和彭真到铀浓缩厂视察，在陪同人员中，邓小平一眼认出了王承书。他说：我见过你嘛！1959年你胸戴大红花，参加了全国群英会。从此你隐姓埋名，不知去向了，连你的先生张文裕也找不到你了。中国第一颗原子弹爆炸成功后，钱三强向她发出第三次邀请，希望她继续隐姓埋名从事核事业研究。王承书再次坚定地回答："我愿意。"

1966年国庆节，王承书作为有重要贡献的科技工作者，被请上了天安门城楼观礼，聂荣臻在向毛泽东介绍王承书时说，她为我国第一颗原子弹的装料作出了巨大贡献。毛泽东听到后，高兴地说："这是中国第一颗原子弹爆炸的女功臣。"

为国家作贡献是每一个公民的职责，何况是一个共产党员

王承书在《中国科学院院士自述》中说："我的学生时代，正值中国外受帝国主义的压迫，内受军阀与反动政府的统治时期，由于对当时状况的不满，养成了很浓厚的民族主义思想和正义感。"正是因为感受到了切肤之痛，王承书对拯救国民于水火之中的中国共产党高度认同。她感慨地说："如果不是新中国的成立，我也许就不会回来了。我的愿望是加入中国共产党。"1961年，王承书如愿加入了中国共产党。在她笔记的扉页里，有一张发黄的字条，上面写道：在无论任何条件

下，坚决最好地完成党交给我的任何任务，在必要时不惜牺牲自己的生命。从入党那一天开始，她就从280多元的工资里拿出200元交党费，剩下的80多元里，还要拿出一部分去资助学术活动和生活困难人员。党委的同志劝她：“王先生，你不能这么交，你还得生活呀。”王承书摇摇头：我既然入了党，就要给党作贡献。我用不了这么多钱，国家不用给我那么多钱。1992年，王承书的丈夫张文裕因积劳成疾去世，她将张文裕一生的积蓄10余万元捐给希望工程，在西藏日喀则的萨迦县，建起了一所“文裕希望小学”。核理化院中王承书的学生说，三年困难时期，他们用的笔记本和笔，都是王承书用工资给他们买的。王承书对祖国和人民是无比慷慨的，对自己却很抠门。她晚年患白内障，医生建议她打10针进口药，当她听说每支药600元，幽默地说：你看，我这双眼睛还值6000元吗？

1986年10月6日，王承书为了纪念他们一家回国30周年，举行了一次小型的家庭宴会，她讲了一段话：现在有人弃祖国而去，有人出国学习不愿回来，而我却要纪念我回国的日子。有人说中国穷，搞科学没条件，其实我们回来时何尝不知道，那时的条件更差。30年了，至今我可以聊以自慰的是，我的选择没错，我的事业在祖国。1994年6月18日，王承书与世长辞。杨振宁先生发来唁电：“痛闻王承书先生因病去世。王先生是优秀的物理学家，对祖国教育事业、科研事业、国防事业都有巨大贡献。她的奉献精神和处世态度是我们的榜样。”王承书在给学生的信里曾写道：我一生平淡无奇，只是踏踏实实地工作，至于贡献，谁又没有贡献？而且为国家作贡献是每一个公民的职责，何况是一个共产党员。王承书留下遗嘱，将个人书籍和科技资料全部送给了核理化院；点滴积攒的约10万元存款再次全部捐给希望工程；另有零存整取的7222.88元作为最后一次党费，交给组织。我们很少能够读到王承书表露个人心迹的文字，但是她写过一篇散文《怀念敬爱的周总理》。她对周总理心怀万分崇敬，而她也如周总理一样，真正做到了鞠躬尽瘁死而后已。

在位于天津的核理化院主楼一层，一尊王承书的白色雕像居于正中间位置。从一个狭小的电梯上到四楼，一间间朴素的办公室，让人仿佛回到了20世纪八九十年代，时间在这里似乎按下了暂停键。王承书已经去世近30年了，核理化院仍然保持着这份朴素。今天的核工业人，也许不用再和爱人上演一场“沉默的相遇”，但这仍然是一份默默无闻的工作，有些任务还需要和家人长期分开，并且对家人保密。“干惊天动地事，做隐姓埋名人”，在核工业人的接续奋斗中我们看到了王承书的影子……

（张丹丹）

张文裕：建设中国自己的高能加速器

人物简介

张文裕（1910年1月9日—1992年11月5日），著名高能物理学家，中国宇宙线研究和高能实验物理的开创人之一，中国科学院高能物理研究所首任所长。1957年当选为中国科学院学部委员（院士），世界上第一个发现μ原子的科学家。张文裕在奇特物理原子领域作出了开拓性的研究，为北京正负电子对撞机的建成和我国高能物理的发展作出了巨大贡献。

抗战爆发，他向英国剑桥大学申请提前考试，回到战火纷飞的祖国；新中国成立，他排除万难二次回国，成为中国宇宙线研究和高能实验物理的开创人之一；弥留之际，他捐出10万元给希望工程建小学，是当年希望工程收到数额最大的一笔个人捐款。他就是归国科学家张文裕。

艰难困苦坚定了他勇往直前的信念

张文裕出生在福建省的一个贫困家庭，家中兄弟姐妹8人，生活艰苦。1921年，张文裕已经读了2年私塾，由于他成绩名列前茅，于是插班进入惠安时化小学学习。1923年小学毕业后，他以优异的成绩考入著名的泉州培元中学，但不幸接连遭遇家庭的变故，学业受阻。后来，在他人的劝导和资助下，父亲才同意让张文裕继续完成学业。靠着学校的奖学金以及其他工作的报酬，张文裕开始了他的中学生活。1926年，父亲强迫他成亲，并将他关在家里，张文裕坚决反抗，寻找机会逃出了家。此时奖学金已经中断，无法继续上学的张文裕去了一所小学一边教学一边自学中学的课程。半年后重返学校，由于未参加毕业考试，张文裕只拿到肄业证书，此时的他十分苦恼和迷茫。为了使这位成绩优异的学生能读大学，时任培元中学校长的许锡安为张文裕写了一封推荐信并承诺说：如果你能考上北京的大学，便给你提供两年的奖学金。就这样，为了学业发展，张文裕开始了北上的旅程。

1927年，张文裕到达北京时已经错过了燕京大学的升学考试时间。由于有培元中学校长的推荐，燕京大学物理系主任谢玉铭教授经过多方面努力，为张文裕争取到了参加补考的机会。在补考前一个多月的时间里，张文裕晚上在谢教授家复习，白天到工厂做学徒打工赚钱，最终他以优异的成绩被燕京大学物理系破格录取。在读期间，张文裕勤工俭学，利用课余时间做了许多兼职工作：在学校管理果园，帮老师批改卷子，给他人辅导功课，去偏远地区的开渠工地帮忙测量，等等。1930年，刚开始读大四的张文裕因成绩优异被破格聘为兼职助教，辅导大学一、二年级的同学，自此有了相对稳定的收入。1931年，张文裕本科毕业后留在燕京大学继续进修，1933年硕士毕业。青少年时期的张文裕虽经历了艰难困苦，但这并没有动摇他求知上进的决心，反而坚定了他勇往直前的信念。

要入美国籍，何须到今天

1934年，张文裕考取英庚款留学生，他满怀科学救国的抱负远渡重洋到英国剑桥大学留学深造。1935年，他前往诺贝尔奖获得者欧内斯特·卢瑟福教授的卡文迪许实验室攻读博士。在此期间他研究了原子核结构，验证了原子核液滴模型，并研究不同的原子核被 γ 射线和快中子轰击所产生的不同反应，这一成果开启了核反应领域研究的新方向。随后的几年里，随着卢沟桥事变、南京大屠杀等消息相继传到英国，中国留学生们义愤填膺、群情激愤、归心似箭，此时的张文裕向英庚款董事会请求回国。时任董事长朱家骅回复：回国可以，但必须完成学业，取得博士学位。于是，张文裕向剑桥大学提交申请，提前进行了考试。1938年年初，张文裕顺利通过毕业考试。在等待毕业证书的几个月内，为了能更好地为抗战服务，他自费到德国学习作战需要的专业技术。同年11月，他历尽险阻最终回到了战乱中的祖国。

回国后，张文裕想要奔赴抗战前线，但未能成行。1939年2月，张文裕进入四川大学任教。同年，前往西南联合大学任教。在西南联合大学任职期间，张文裕不仅教给学生科学知识、科研方法，更是把追求真理、求真务实、严谨治学的科学精神传承给学生，因此，学生们都特别喜欢他的原子核物理课程。在教学之余，他还坚持从事科学实验与研究。由于条件艰苦，他便自制盖革计数管进行相关研究。1941年，云南一带陷入战火之中，物价大涨，他的妻子王承书也失业，两人生活非常困难，张文裕的科研与生活都遭到严重的干扰。

1943年，张文裕收到美国普林斯顿大学的邀请，从事核物理的研究与教学。在美工作期间，张文裕在科研领域取得了累累硕果。其中最为著名的是1948年突破了卢瑟福-波尔原子结构模型，发现宇宙线中的介子和有关的核可以组成一个原子，从此开启了深入研究奇异原子领域的新篇章。该原子被学界命名为“张原子”，这使张文裕得到了物理学界的广泛关注。因此，大家纷纷劝说他加入美国国籍：凭你的聪明才智，留在美国会有很好的前途。张文裕却回答道：要入美国籍，何须到今天！我们生为中国人，回国的信念是不会变的。1949年，新中国成立，此时国家的建设才刚起步，百废待兴，急需各类科研人才，很多中国科学家都盼望着能早日回国建设自己的国家，张文裕也对回归祖国怀抱充满了无限的期盼。但是，国际形势风云变幻，1950年爆发朝鲜战争，中美关系陷入僵局。张文裕的人身自由受到了限制，这也使张文裕夫妇的回国申请一次次石沉大海。直到1956年，张文裕夫妇终于克服各种艰难险阻，回到魂牵梦绕的祖国。

为发展中国的高能物理事业呕心沥血

1956年回国后，张文裕满腔热情地投入火热的社会主义建设中，先后在中国科学院担任了研究员、研究室主任、副所长等多个重要职位。1957年，张文裕当选为中国科学院数理化学部委员，同年年底，他受周恩来委派前往瑞典参加杨振宁、李政道的诺贝尔奖授奖仪式。1959年至1964年，由于国内科研设备不能满足实验要求，张文裕前往苏联进行高能物理实验研究，在此期间担任杜布纳联合核子研究所的中国组组长。此时中苏关系恶化，但是张文裕等科学家克服重重困难，取得了一系列在国际上处于领先水平的成果。1965年，在他的提议下，我国在云南的高山上成功建造了大云雾室，这使我国宇宙线的研究工作得到了突破性进展。

1972年，张文裕与其他17位科学家共同向周恩来提出“发展高能物理、建造高能加速器、尽快成立高能物理研究所”等建议，并很快得到批复。1973年，由张文裕担任所长的中国科学院高能物理研究所正式成立。1975年，张文裕再次联合多位科学家向周恩来申请建设一台高能加速器，也很快得到了周恩来的批准。为了更好地建设我国自己的高能加速器，他多次前往美国等发达国家的加速器中心参观学习。为促进中美两国在高能物理领域内的合作，1979年中美达成协议，协议明确了每年要召开中美高能物理合作委员会会议。由于张文裕在高能物理界具有极高的学术影响力，因此担任了第一、二届中方主席。

1984年10月，北京正负电子对撞机建造工程开始实施，听到这一消息的张文裕非常激动。在施工期间，他多次拖着病体参与工程问题的讨论，并到现场了解工程进展。1988年，北京正负电子对撞机顺利建成并成功试验，这意味着我国高能物理事业的发展进入了新时代，张文裕多年的愿望也终于实现了。

捐献全部积蓄，不为子孙留遗产

正是满怀爱国的热情，张文裕始终心系祖国的教育事业。他曾先后在四川大学、西南联合大学、中国科学技术大学任教，在教学过程中，他重视理论与实验的结合，经常用一些典型的例子验证理论的真实性。张文裕不顾工作繁忙，躬身力行地为大学生们讲课，给研究所内的工作人员讲解有关高能物理的前沿问题。张文裕诲人不倦，鼓励青年研究者积极创新，劝勉他们对已完成的工作要及时总结。弥留之际，张文裕立下遗嘱：捐献全部积蓄，不为子孙留遗产。他给西藏捐献10万元建一所小学来培养家庭贫困的科技人才，后被命名为“文裕希望小学”；给母校泉州培元中学捐献3万元，学校为了纪念张文裕，后将一座楼命名为“张文裕科学实验楼”。1992年11月5日，这位铁骨铮铮又儒雅随和的科学家与世长辞，享年82岁。他去世后，高能物理所的研究人员将他的骨灰安放在了他呕心沥血多年的高能加速器旁边，并为他立了半身像，永久地陪伴在北京正负电子对撞机旁。

人生若没有追求，就像山峰没有清泉的滋润，再宏伟也没有灵气；就像树木没有藤萝的缠绕，再茂盛也会孤独。正如他自己所说的：生活清苦没什么，重要的是有所追求；人间的冷眼也没什么，关键在于要有志气。张文裕以一颗赤子之心立鸿鹄之志，虽饱经磨难，但救国之心不改、报国之志不变、爱国之情不减。

（潘建红　刘　歌）

杨嘉墀：将生命化为银河中的一颗星

人物简介

杨嘉墀（1919年9月9日—2006年6月11日），江苏吴江人，著名自动化和空间技术专家，中国科学院院士、国际宇航科学院院士，我国自动化与控制技术的主要开拓者之一，为我国航天事业的创立和发展作出了卓越贡献。1941年毕业于国立交通大学电机系，1947年留学美国，先后获得哈佛大学硕士和博士学位。曾任美国宾夕法尼亚大学研究员和洛克菲勒研究所高级工程师，研制成功快速记录吸收光谱仪（杨氏仪器）。1956年回国后，历任中国科学院自动化研究所研究员、室主任、副所长，北京控制工程研究所副所长、所长，中国空间技术研究院副院长，航天工业部总工程师，航空航天部科技委顾问等职务。先后荣获国家科学技术进步奖特等奖，何梁何利基金科学与技术进步奖。2003年国际小行星中心将编号为11637号的小行星永久命名为“杨嘉墀星”。

21世纪以来我国相继完成了载人航天、嫦娥探月、火星探测和北斗系统的全球组网。在这一系列“奇迹”的背后是几代航天人以“特别能吃苦，特别能战斗，特别能攻关，特别能奉献”的精神，一步一

个脚印地把中华民族的航天梦想变为现实。回溯这段奋斗历程，有一位科学家，归国50年间几乎参与了我国航天事业的每一个重大突破，在每一个关键时刻，他都会高瞻远瞩地及时提出重大建议。“争名当争国家名，计利当计人民利”这是他面对荣誉时的超脱和淡泊，这位把“少说多做”刻在了骨子里的科学家就是“两弹一星”功勋奖章获得者、“863计划”发起者之一杨嘉墀院士。

我要回中国工作，那里是我的家

杨嘉墀考入大学后不足一个月，上海沦陷，学校被迫搬入法租界。他的大学四年是在外国租界度过的，也正是这段经历，才造就了他满怀报国之志的赤子之心。毕业后多年的实践工作让杨嘉墀深刻体会到中国与发达国家工业水平之间的巨大差距，认识到只有依靠科技和实业的进步才能改变国家积贫积弱的现状，他下定决心前往美国学习先进的技术和知识。1947年，杨嘉墀来到了美国，他仅用两年时间就获得哈佛大学硕士和博士学位。

读书期间，杨嘉墀积极参加“留美科协”的各种活动，他们经常聚在一起讨论国内局势的新进展。当中华人民共和国成立的消息传到美国时，杨嘉墀和大多数的爱国留学生一样，感到中国有了新的希望，迫不及待地想要回到祖国的怀抱，为国效力。1950年，麦卡锡主义的泛滥和朝鲜战争的爆发，促使美国政府以维护国家安全为借口禁止中国留学生回国。归国之路被阻断了，但杨嘉墀那颗炽热的爱国心始终坚定，他拒绝了成为“美国公民”的诱惑，暗中通过各种渠道收集祖国的消息，无时无刻不在关心祖国发生的变化。当时有很多国际友人给他介绍前往其他国家工作的机会，对此，杨嘉墀总是坚定地回复：“我要回中国工作，那里是我的家。”

日内瓦会议上中国代表的据理力争，让美国政府对中国留学生不得离境的限制有所松动，这让杨嘉墀看到了一丝曙光，他开始积极准备回国事宜。1956年，中共中央召开关于知识分子问题的会议。周恩来代表中共中央作《关于知识分子问题的报告》。高薪厚禄和轿车洋房哪里比得过“向现代科学进军”这声号角的感召力，受到鼓舞的杨嘉墀对妻子说：“咱们快回去吧，别等人家把祖国建设好了我们才回去，那就不像样了。”随后他变卖家产，倾尽积蓄购买了示波器、振荡器、真空管、电压表等当时国内急需的科研设备，携妻女踏上了回国的归途。在离境时，移民局工作人员询问是否自愿时，杨嘉墀理直气壮地大声回答：“是自愿的！”

依靠自己的力量发展尖端技术

1957年，苏联成功发射世界上第一颗人造卫星。翌年，毛泽东发出“我们也要搞人造卫星”的号召。对于一个正在崛起的国家，拥有自己的人造卫星具有特殊的象征意义，中科院立刻组织考察团前往苏联学习航天技术。当时中苏关系已经开始恶化，这次考察并不顺利，杨嘉墀等人并没有接触到核心技术，合作更无从谈起，这让他们彻底认清了科学离不开政治这一现实。经过对比两国国情，杨嘉墀冷静分析后认为现阶段我国并不具备发射人造卫星的工业基础和科技水平，只靠一腔热血是不能让火箭上天的。他建议我国空间事业应该立足国内现状，坚持自力更生，一步一个脚印，从探空火箭搞起。后来的事实证明，正是由于当时选择了独立自主研发的道路，苏联撤走全部专家后，不仅没有影响我国尖端技术的发展进度，还加快了某些领域前进的步伐。

在中科院提出“以探空火箭练兵，高空物理探测打基础，不断探索卫星发展方向”的发展步骤后，杨嘉墀带领自动化所投身导弹、原子弹、核潜艇等项目的协同攻关研究任务中，并取得了一系列成果。

他主持研制了火箭发动机测量仪表、大型热应力实验设备、核潜艇反应堆控制系统模拟计算装置。在核试验测量仪器的研制过程中，杨嘉墀在几乎无任何资料可供借鉴的情况下，创造性地利用太阳光的能量作为替代，收集了大量试验数据，为整个研制工作开辟了一条全新的道路。1964年10月16日，我国第一颗原子弹爆炸成功，测量仪器经受住了考验，获得了有价值的测量结果。紧接着，杨嘉墀又带领团队完成了应用于首枚氢弹试验和首次地下核试验测量仪器的研制工作。

1965年，我国重启人造卫星研制计划。为更好地制订发展规划，杨嘉墀通过实地调研和走访征询，掌握了大量一手资料。在全面分析了各类卫星亟须解决的关键技术等问题后，提出了以科学试验卫星为起点，以返回式卫星为重点，全面开展各领域卫星研制工作的发展设想。这一设想为之后中国航天事业的技术发展指明了方向。在“东方红一号”研制过程中，杨嘉墀参加了卫星发展规划、技术协调和系统的研制任务。他反复强调卫星要上天，试验设备必须先行的看法，提出相关实验室的建设方案。为解决用来测定姿态的“红外地平仪”低温适应难题，杨嘉墀奔波于北京、上海、长春等地，协调各方力量，统筹攻关，成功攻克这一难关，确保该仪器可以在-100℃至50℃的温度环境中工作。1970年，我国第一颗人造卫星发射成功，杨嘉墀领导研制的姿态控制系统圆满地完成了任务。

1986年，“原子弹和氢弹的突破与武器化”荣获国家科学技术进步奖特等奖，自动化所承担的“核爆试验检测技术及设备”作为分项目也同时获奖。对于这一殊荣，杨嘉墀认为“值得庆贺的不仅仅是荣誉的获得，而是这些成果再一次证明了中华民族完全可以依靠自己的力量发展尖端技术”。

返回式卫星控制有功

早在20世纪60年代初，杨嘉墀就开始注意跟踪国外空间技术的发展动向，他结合美苏返回式卫星、载人飞船的相关信息，开展了有预见性的卫星控制理论研究。他坚持卫星上天前必须充分进行地面仿真模拟试验，并亲自带队进行了三次大型模拟试验，对姿态控制系统的参数优化和可靠性的验证起到了关键作用，为日后首颗返回式卫星的成功回收奠定了基础。

我国第一颗返回式卫星于1975年11月26日发射后，也曾遇到过意想不到的惊险场面。杨嘉墀主持研制的“三轴稳定姿态控制系统”是决定卫星能否成功返回的关键所在。卫星入轨后突然出现氮气压力下降过快的紧急状况，如果气压下降是因氮气泄漏引起的话，靠喷气产生反作用力所实现姿态控制的返回式卫星，有可能永远无法回家。在紧急商讨中，多数科学家认为应当让卫星提前返回，“提前回家总比回不来强”。这时，钱学森把目光转向了正在一旁埋头计算的杨嘉墀，想听听他的意见。杨嘉墀用沉稳的语调分析说：“根据我的计算判断，气压降低是地面和外太空的悬殊温差导致，过段时间就会稳定下来，我认为实验可以按原计划继续进行。”一向决策有度的钱学森经过再三思考，果断决定采纳杨嘉墀的意见，让卫星再“飞一会儿”。11月29日，“太空游子”成功着陆，完美履行了杨嘉墀“在轨三天”的设计，标志着我国成为世界上第三个掌握卫星返回技术的国家。那一天，钱学森对身旁的杨嘉墀说了四个字：“控制有功。”

把眼前的工作与国家长远发展结合起来

在几十年如一日的科研生涯中，杨嘉墀始终以满腔的热情站在航天技术和自动控制的最前沿，做一步想三步，把眼前的工作与国家长远发展结合起来。他积极参与各种国际科学论坛，紧跟科技发展趋势，站得高、看得远，不断提出具有战略意义的建议。

作为“863计划”四位倡导者之一，杨嘉墀参与起草了《关于跟踪研究外国战略性高技术发展的建议》，提出了“要抓住当前世界新技术革命的时机，瞄准高技术的发展前沿、积极跟踪高技术”的倡议。该计划实施以来，我国高技术领域成果频出，进一步缩小了与发达国家的差距。

杨嘉墀的创新胆识和前瞻性的战略眼光，都是基于他深厚的科学素养、跨学科理解能力和长期领导大兵团作战积累的经验。他曾说：“搞研究的要看到20年之后，光看眼皮底下的，不是好科学家。”早在1989年，他就牵头航天器智能自主控制的研究规划，提议建立空间智能自主控制国家重点实验室，不过由于该项研究过于超前，直到15年后年才正式获批。对于提出这项建议的原因，杨嘉墀曾解释说：“航天器在天上，出了故障不能总依靠地面分析和控制，而且未来如果几百个卫星都在天上需要多少管理人员、地面设备和经费？因此必须研究自主控制技术。”

怀着对祖国前途和命运的高度责任感和使命感，从20世纪90年代起，深谋远虑的杨嘉墀又先后针对我国载人航天和探月工程作出专题报告，对进入21世纪后的月球探索和开发作了全方位的分析，并提出切实可行的建议和实施步骤；针对北斗导航的专利化、产业化和商业化，他与其他五位院士讨论后，牵头起草了《关于促进北斗导航系统应用的建议》，受到国务院的高度重视；之后他又与王大珩等多位院士一同向国务院建议振兴仪器仪表工业，对促进相关行业发展起到了重要作用。杨嘉墀还致力于高技术产业化、科技成果转化以及知识产权保护等方面的对策研究，他认为一个国家高科技产业水平的高低，知识产权保护意识的强弱，成果转化的便利与否，将直接决定其是否具备持续且良性的创新能力。

2006年6月11日，杨嘉墀与世长辞。直到去世前，他还在为祖国科技强国之梦出谋划策，他嘱咐了几件事：一是要坚持不懈地继续智能自主控制的研究工作，二是要大力发展重点实验室，加强国内外学术交流，三是要抓紧培养青年科技人才……

（肖博仁）

1958年

彭士禄：中国核动力事业的拓荒牛

人物简介

彭士禄（1925年11月18日—2021年3月22日），无产阶级革命家彭湃之子，1945年加入中国共产党，中国工程院院士，我国著名的核动力专家，中国核动力事业的开拓者和奠基者之一，中国第一任核潜艇总设计师。1951年因成绩优异被选派到苏联留学，1956年在莫斯科化工机械学院毕业后，因国家发展需要改行学习核动力专业。1958年学成归国后毕生从事核动力事业。曾先后获得全国科学大会奖、为国防科技事业作出突出贡献的荣誉状、何梁何利基金科学与技术进步奖、何梁何利基金科学与技术成就奖等奖项。2021年5月26日，被追授为“时代楷模”。2022年3月3日，被评为“感动中国2021年度人物”。

“历经磨难，初心不改。在深山中倾听，于花甲年重启。两代人为理想澎湃，一辈子为国家深潜。你，如同你的作品，无声无息，但蕴含巨大的威力。”这是《感动中国》组委会授予彭士禄的颁奖词，也是彭士禄一生的写照。

我虽姓“彭”，但心中永远属姓“百家姓”

1925年11月18日，彭士禄出生于广东省海丰县，父亲彭湃和母亲蔡素屏都是中国革命事业的奋斗者，为中华民族的解放事业披肝沥胆、殒身不恤。1928年，在国民党的迫害下，彭士禄的母亲蔡素屏在海丰英勇就义。次年，父亲彭湃也因叛徒出卖被捕，在上海壮烈牺牲，年仅4岁的彭士禄成为一名孤儿。感恩于彭士禄父亲烧毁田契，还地于民的恩情，广东潮州的众多贫苦老百姓为了保护这位革命烈士的后代，冒着杀头的风险凝心聚力，舍命相救，护佑小士禄的生命安全。

1940年，几经辗转，彭士禄和其他一些烈士子女在周恩来的安排下，一同前往延安生活学习，在延安受到了党的精心培养。1941年，彭士禄到延安青年干部学院学习，后就读于延安中学。在延安中学，彭士禄勤学好问，发愤图强，因其学习、劳动上表现出色，被评为模范生。1944年，彭士禄在延安大学自然科学院化工系就读。1945年，因其学习和劳动等方面的优异表现，破例免去预备期，一入党便成为中国共产党正式党员。

彭士禄童年两次被捕入狱，虽颠沛流离、困苦艰难，但党和人民养育培养、无私佑护的经历，在彭士禄年幼的心灵留下了深刻的印记，这些经历成为铸就彭士禄一生挚爱祖国、拳拳为民的初心之源。彭士禄曾经说：“坎坷的童年经历，磨炼了我不怕困难艰险的性格。几十位‘母亲’给我的爱抚，感染了我热爱百姓的本能。父母亲把家产无私分配给了农民，直至不惜生命，给了我要为人民、为祖国奉献一切的热血。延安圣地培育了我自力更生、艰苦拼搏、直率坦诚的习性。总之，我虽姓‘彭’，但心中永远属姓‘百家姓’。”

为国改换专业，延迟归国路

1951年彭士禄因成绩优异获取留学苏联的机会，在苏联学习期间，他饱含着对养育他的党和人民的热爱与感激，怀揣着学成归国报国的信念，废寝忘食，最终以全优的成绩在莫斯科化工机械学院获得了“优秀化工机械工程师”的证书。

1956年，即将以全优成绩毕业回国的彭士禄，受到了彼时正在苏联访问的陈赓大将的接见。在大使馆，陈赓大将问他说：中央已决定选一批优秀留学生改行学原子能核动力专业，你愿意改行吗？凭借心中竭诚报国的信念，彭士禄毅然决然地服从国家发展核动力事业之需，斩钉截铁地回答：只要祖国需要，我当然愿意。从此，彭士禄便在莫斯科动力学院开始孜孜不倦地学习核动力专业。为了不辜负党和国家的辛勤栽培和殷切期望，在苏联学习期间，彭士禄和其他留学生勤勉刻苦，奋勇拼搏，每天争分夺秒地汲取知识。彭士禄曾经感慨良深道：留苏期间，我们从未在晚上12点以前就寝过，我们要学的东西太多太多了，一头扎进去，就像是沙漠中的行人看见了湖泊那样。当时，那种奋进不息，为祖国夺取知识制高点的心情是难以用语言描述的。

热忱报效祖国，核潜艇从无到有

1958年，彭士禄终于学成回到了魂牵梦绕、深深爱恋的祖国，从此与祖国的核动力事业紧紧相依。1965年核潜艇研制项目重启后，彭士禄来到茅封草长、冷僻荒凉的四川大山深处。面对新中国一片空白的核潜艇事业，他夜以继日地在无人问津的山坳里耕耘不辍，带领团队闯过了核潜艇事业中遇到的一个又一个暗礁险滩，完成了一项又一项试验设计工作。1970年，在核潜艇核动力装置陆上模式堆的满功率试验中，面对试验最后攻坚阶段中暴露的问题，彭士禄在千钧一发之际挺身而出，凭借扎实的专业功底和对项目主要参数、数据的精准把握，他提出了增加功率的大胆想法，最终带领团队成功化解了困境，取得了满功率试验的圆满成功。在核潜艇研制过程中，因为彭士禄一次次大胆的拍板，他被美誉为“彭大胆”“彭拍板”。“大胆”的背后展现的是一个共产党员敢为人先的责任担当，“拍板”的背后折射的是中国科学家的科学精神。

1970年12月26日，中国第一艘鱼雷攻击型核潜艇成功下水，彭士禄带领科研人员实现了新中国核潜艇事业从无到有的突破，创造了中国核潜艇事业从1965年重新上马到1970年首航诞生的奇迹，实现了毛泽东“核潜艇，一万年也要搞出来！”的宏伟誓言。奇迹的背后依靠的是什么？彭士禄曾感慨道：靠的是什么？除了中央的决心和领导的支持外，靠的是共产主义的爱国之心、群体的智慧和合力、一股犟劲精神。

欣然挂帅再出征，呕心沥血为核电

20世纪80年代，国家决定在广东发展核电。1983年，当时已经58岁的彭士禄被国务院任命为广东大亚湾核电站总指挥。面对当时大亚湾核电建设资金、技术人才的匮乏，彭士禄欣然受命，带领团队在艰苦的条件下日夜奋战。而面对同事对其身体的担忧，让其多注意休息的关切之语，彭士禄则会爽朗一笑道：这辛苦算什么？如果核电站早日建成，那就太值了！最终，彭士禄带领团队高效率地完成了选址、招标、技术谈判等核电站筹建前期的烦琐工作，对大亚湾核电站建设工作的快速开展起到了关键的奠基作用。

1986年，彭士禄被调离广东核电，被委任为核电秦山二期联营公司董事长，负责秦山二期的筹建工作。尽管筹建之路举步维艰，但是，彭士禄终不负祖国和人民的期许，在2004年5月3日，中国首座自主设计建设的大型商用核电站——秦山核电二期工程在钱塘江边拔地而起，成为彰显中国核电技术威力的重要见证。

彭士禄由于长年累月地高负荷工作，49岁时突发急性胃穿孔，胃被切除了3/4，术后不久便马不停蹄地投身祖国的核动力事业。晚年的彭士禄基本丧失了胃功能，即使重病缠身，但他念念不忘的还是祖国的核动力事业。他曾经在自述中写道："现如今，老朽已木讷，但有三个心愿：一是盼望祖国早日拥有更加强大的核潜艇力量；二是盼望祖国早日成为核电强国；三是盼望祖国早日实现中华民族的伟大复兴，早日圆了老百姓过上幸福生活的中国梦！"

他将一生的热血融入祖国的核动力事业，"只要祖国需要，我愿意贡献一切"的忠贞诺言，点燃了祖国核潜艇和核电事业之光，成为"中国核动力事业的拓荒牛"。

2021年3月22日，彭士禄走完了他96年厚重辉煌的人生，他的骨灰撒进了祖国的大海。澎湃不息、波澜壮阔的大海见证了他一生的辗转沉浮，见证了他勇担重任、为国奉献的赤子忠诚，见证了他热爱祖国、竭诚报国的赤子丹心。

（潘建红　祝玲玲）

李桓英：一名百岁党员的奋斗之路

人物简介

李桓英（1921年8月17日—2022年11月25日），1946年考入美国约翰斯·霍普金斯大学攻读细菌学与公共卫生学硕士学位。1950—1957年在世卫组织工作，在东南亚从事热带病防治工作。1957年，放弃世卫组织官员身份。1958年回到祖国。1960—1970年，在中国医学科学院皮肤病研究所参与皮肤病防治工作。1978年开始专门从事麻风病防治，她在中国率先开展了短程联合化疗法，使麻风病发病率大幅下降，复发率仅为0.03%。在她带领下的麻风病垂直防治与基层防治网相结合的模式，被世卫组织誉为“全球最佳的治疗行动”。

2016年12月27日，在北京友谊医院，一场特殊的入党仪式正在举行。在宣誓入党的众多年轻人当中，有一位特殊的老人格外引人注目，她庄严地宣告：“我虽已进入耄耋之年，但愿意以共产党员的身份为麻风防治事业奋斗终身！”如果说青年党员的宣誓是现在将来时，这位老人的宣誓，则是过去现在将来时，因为她已经用70多年的生命，践行了此时的志愿，直到生命的最后，她始终以党员的身份继续奋斗着。她就是世界著名麻风病防治专家李桓英。

让选择变得简单

归国的老一辈科学家有一个共性，他们在科研工作中，都有着超级计算机一样复杂的头脑，但是在面临事业和生活的选择时，又有着孩子一样简单的心灵——对待研究对象，务求真实，没有任何含混不清；对待个人名利，只有最低要求，在个人利和天下利之间，总是考虑更多人的利益。在李桓英身上，这种简单体现在她多次人生选择中。

李桓英于1921年出生在北京，1939年考取同济大学医学院之后，才结束了辗转的少年时代。但是，战乱中的人们，想自安而不得。同济大学的师生们在数度辗转之后，终于在李庄暂时放下了一张平静的书桌。异常艰苦的环境，反而让师生们倍加珍惜学习机会，夜以继日地学习，是他们参与文化抗战的独特方式。对于李桓英来说，青年时代在云贵川山区行走的经历，让她见识了真正的贫困生活，尤其是在战争威胁下生活无着的穷人生活，这种见识不是所有人都有机会经历的。没有这些见识，人生就缺乏宏阔的视野，也就缺乏在比较中得出价值判断的能力。

如果说她的第一次学业选择有母亲一半的意愿，李桓英因此走进了医学大门，那么第二次的专业选择则完全是她自己决定的。她认为，在接触到的专业中，只有细菌学是最依托于数据的，更接近纯科学。所以，她瞄准了这个专业的世界顶尖学府约翰斯·霍普金斯大学，之后考入其中攻读硕士学位。

1948年，在中国和巴西的倡议下，联合国世界卫生组织成立。1950年夏季，李桓英带着科研热情和老师特纳的信任，以联合国工作人员的身份，奔赴印尼做雅司病防治工作。4年之后，世卫组织又派她去缅甸从事梅毒血清学诊断工作，她在那里工作了3年。在此7年间，她与当地专家一起，制定了更准确的诊断方法、更周详的施药方案，她也因此锻炼出因地制宜的工作能力。当世卫组织提出再与她续签时，她拒绝了。一个职业上的原因是，她要去挑战更棘手的领域，尤其是那些不治之症。这次选择，是她日后一生的缩影，一个优秀的科学家，总是要尝试新的领域。

放弃优厚待遇、不再续聘，还有一个更重要的原因，那就是她要回到祖国。此前，李桓英的父母和弟弟妹妹已经赴美国定居，父母当然希望女儿能长久相伴，当时她正在霍普金斯大学读书，选择生活地点这个问题还不突出，但在东南亚工作的7年中，她越来越想回到祖国。然而，自己身份的隔绝，使祖国如同“宛在水中央”的佳人，近在咫尺却无法到达。她去美国留学前，持有的是民国护照，所以她不能合法入境中国。这种状况一直没变，直到世卫组织征求她意见是续聘还是进修，李桓英看到了转机，她立即拒绝续聘。当时英国与中国互设了代办处，她申请去伦敦大学进修一年，在英国更换了护照和签证。1958年6月结业之后，她借道欧洲和苏联，从莫斯科坐火车入境中国，终于回到了阔别多年的故土。

在当时的国际环境下，她不是不知道，这次选择，意味着可能与父母再也不能相见。但这是她深思熟虑的结果：亚非国家流行病频发多与贫困落后相关，当时的中国也是如此，自己求学工作多年，祖国正在新生，正在以前所未有的力量摆脱贫困，自己最大的用武之地就是中国。李桓英回忆说：“国内生活确实艰苦，可是苦的不是我一个人，很多人缺吃少穿、体弱多病。我回国的目的就是要为贫穷落后的祖国服务。”李桓英这一代科学家，从苦难中思考，懂得最迫切的问题是什么。时代赋予时人的重任，足以激发起他们心中的无限热情，带着满腔的热情，他们回应时代之问，填补时代之失，创造了中国现代科技事业的苦难辉煌。

一生做好一件事

李桓英的简单澄澈，不仅体现在超越功利计算的选择上，还体现在她“一生做好一件事”的恒定追求上，这一件事，就是麻风病防治事业。

刚回国时，外国专家局把她分配到中央皮炎所，有此契机，她逐渐走上麻风病防治之路。1970年，她在江苏第一次接触到了麻风病人，病人鼻塌眼盲的惨状深深刺痛了她，她产生了攻克麻风病的想法。她的这一想法，遇到了最好的机遇——在下大力度消灭和控制流行病的新中国，有一些社会性因素造成的疾病第一次真正被控制住，甚至基本消失，有这些病种的防治经验在先，即使像麻风病这样的世界性难题，在中国，不是不可以攻克的！

1978年底，李桓英调入刚成立的北京热带医学研究所，正式确立了麻风病防治的科研道路。在参加“WHO麻风治疗和免疫科学工作”会议上，李桓英与世界同行们首次认识了“短程联合化疗”的概念，并得知世卫组织每年都有向申请国家提供援助的计划。她回国后立即提醒相关部门申请该项目，并把该疗法引入国内，积极着手麻防试点研究。

在头绪繁多的工作中，她敏锐地找到了建立现场研究场所的突破性入口。于是，她选择了云南，那里曾经是接纳她学习的抗战大后方，现在，这里正是麻风病猖獗的地方。在云南西双版纳景洪县和勐腊县，有数个由麻风病人汇聚而成的自然村寨，这些村寨被世人称为“麻风村”。这些多数人不敢去的地方，正是医务工作者的主战场。世卫组织提供的药物和治疗方案还在探索阶段，从世界范围来讲，中国的麻风防治工作，是先遣部队打响的第一战。

就是在这样的背景下，李桓英带领着工作小组，进入千山万壑的

李桓英（前一）赴麻风寨的路上

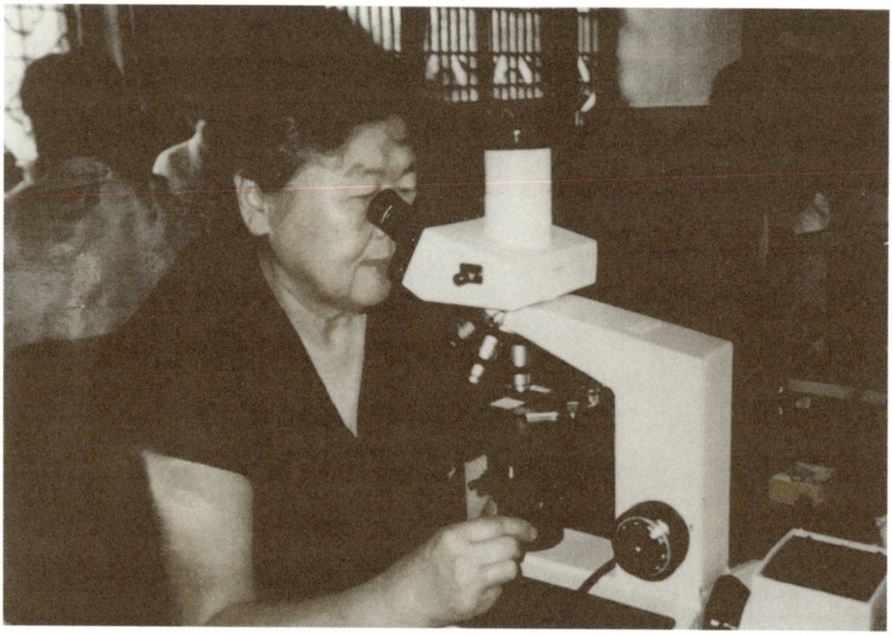

李桓英在实验室工作

大小村寨，一头扎下去，一干就是十多年。刚开展工作时，这些病人因为多年被社会厌弃，自己都不再爱惜自己。没想到突然来了一位“大摩雅”（傣语中的“医生”），不但不穿隔离服，还跟病人拉手、拥抱，随时脱下他们的鞋子，检查是否有石子硌脚。这些对病人极富耐心的接触和安抚，使他们开始信任这位医生，并燃起了重生的渴望。在勐腊县试点，为了实验的规范性以及日后复查追踪，李桓英严格要求实验人员，进行细致的客观检测和记录。一份47例病人的病案，严格记录了每天每次的服药情况，持续了整整27个月。每一位后期来到这里的工作人员，都被如此细致完整的病案记录震撼和感动。这期间，因为发生过不良药物反应，很多病人产生质疑而弃药。李桓英就住在病人家里，一遍遍地讲解、耐心劝导他们继续服药，终于在3个月后，病人的皮损面消减，恢复正常。经过艰苦努力，这一试点的效果，完全达到了世卫组织的预期目标。李桓英又跑遍各级皮防站，把在试点成功的方案亲自教授给防治人员。10年过后的监测结果表明，李桓英主持的治疗方案，麻风病复发率仅仅为0.03%，远远低于世卫组织订立的1%的标准。在现场防治同时，她在国际国内学术期刊上发表了很多数据翔实的指导性论文，她的疗法被世卫组织在多国推广，医治了世界上很多病人。

再进一步，要想弄清麻风病的传染源和传播途径，必须通过基因分型研究麻风菌传染源和传播链，因此，李桓英又开始进入分子生物学领域研究麻风菌，她的梦想是实现一个没有麻风病的世界。李桓英总结自己的一生，只用了最简单的一句话：长期以来坚持从事麻风病的防治工作。而支撑她的，是一颗朴素简单、始终如一的恒久初心。

坚持一个原则

李桓英多年来坚持一个原则，一切以实现病人康复、高效防治、社会受益和国家发展为准则，只要能实现这些目标，即使自己置身于险境，也毫不顾惜。她和其他工作人员一起，走遍了云南西双版纳和四川大凉山的山区，在旅途中多次遇险，最严重的一次翻车事故导致其锁骨和三根肋骨骨折，但是她尚未痊愈就赶紧飞回北京，急着把血液标本放到实验室冰箱里。还有一次在勐腊县，乘坐的独木舟翻了，她被捞上岸后却仰天大笑：“我胖得像个皮球，哪里沉得下去？”在弟子眼中，她是乐观无敌的李教授，在前辈眼中，她是有主见有原则的耿直后辈。她力主开展短程联合化疗之时，国内主流的麻防方案是，一定要等到麻风病患者治疗到细菌查菌呈阴性时才能停药，很多人甚至终身服药也未见转阴。许多前辈专家都认为固有方案是比较保险的，对李桓英的主张持反对意见。但是，李桓英根据实验数据坚持认为，两年期的短程疗法符合中国国情，副作用少，节省的药品能救治更多人。后来事实证明她是对的，如果当初她顾虑太多，不以病人康复和适应中国国情为目标去争取，那么中国的麻防事业不会进展这么快。本着同样的原则，国家授予她任何荣誉时，她总是强调：是我赶上了好的国家、好的时代。流行病防治是一个高效医疗、有力政府和健康社会共同协力的事业，只有在今天的中国，我的事业才能取得成功，我自己只是做了应做的事情。

2019年，在中华人民共和国成立70周年之际，李桓英被授予“最美奋斗者”称号。这位抗麻斗士的“极简人生”，让我们感受到一位共产党员的人格魅力和科学家的真诚与奉献。

（曹颖新）

祖国不会忘记*

2021年2月，社长发微信给我：我们要创办一个栏目，主要写新中国成立前后回国的一批科学家，除钱学森等特别有名的以外，还要包括王承书等以前很少宣传的科学家，写成重头人物文章。那时候，我做科技前沿版的责任编辑5年了，但是对归国科学家这个群体并不熟悉，也没有看到主流媒体专门为这样一群人开设一个栏目，从中国科协到中国科学院，我请教了很多专家，大家都给予了我热情的帮助。为了能够拿出一个相对有信服力的名单，我开始阅读关于这一时期归国科学家的各种史料。本以为这就是例行公事，但是万万没有想到，我被他们深深地吸引了。

在茫茫的人海里，你是哪一个

新中国成立之初，国内急缺各类科技人才。1949年12月，周恩来总理通过广播诚挚邀请在世界各国的海外学子，回到新中国参加建设。当时，正在美国大学任教的数学家华罗庚决定响应号召，回到祖国的怀抱。“朋友们，梁园虽好，非久居之乡。归去来兮！为了抉择真理，

---

* 本文刊发于2022年5月11日《学习时报》科技前沿版。

我们应当回去，为了国家民族，我们应当回去，为了为人民服务，我们也应当回去，就是为了个人出路，也应当早日回去，建立我们工作的基础，为我们伟大祖国的建设和发展而奋斗！”1950年3月，华罗庚在归国途中，写下了《致中国全体留美学生的公开信》。这封信真诚表达了归国科学家对投入新中国建设的满腔热情，也是对海外学子回归祖国的深切呼唤。

1949年10月至1956年底，从世界各国归国的留学生有3000多名，其中从美国回来的有2000多名，约占当时回国人数的三分之二。陈能宽、柯俊、杨承宗、马世骏、吴仲华、任新民、谢家麟、杨南生……在“归国科学家”栏目中出现的这些名字，以及省略号后面隐藏的那些名字，很多并不为社会公众所熟知。他们放弃了国外优渥的物质生活，毅然回到了“一穷二白”的新中国，他们为人谦虚，不争名、不争利、不争功，在茫茫的人海中，我们甚至都不知道他们是哪一个。2022年1月12日，“归国科学家”栏目登载了新华社高级记者张严平撰写的《杨南生，我的爱人科学家》。这篇文章发表以后，新华社社长何平同志在当天的《学习时报》上批示，社里有关部门负责同志，以《学习时报》刊登的这篇文章为基础，制作一期《国家相册》节目，该节目已于2022年11月25日在新华社客户端推出。中国科学院栏目编辑给张严平老师发微信表达感谢并且要发放稿费，张老师回复：“您和报社给予我的鼓励难以言表，你们为此付出了那么多心血。我感谢还不够，怎么能拿稿费呢？这是我的心里话。稿费真的不要给我了。”看到这段话，编辑的心里真的是一阵酸涩，既感动又难过。我们做了这么一点点，就能够让作者也是归国科学家的家属如此感动，那就说明我们对归国科学家的宣传还是不够，创办“归国科学家”这个栏目也是有意义的。做这个栏目越久，越觉得这一批科学家确是中国的精英！他们为国家贡献巨大，物质上收获很少，从不计较个人得失，最重要的是表里如一。

在征服宇宙的大军里，那默默奉献的就是你

1964年10月16日，我国第一颗原子弹爆炸成功；1967年6月17日，我国第一颗氢弹爆炸成功；1970年4月24日，我国第一颗人造卫星“东方红一号”飞向广袤太空。“两弹一星”是不朽的丰碑，23名“两弹一星”功勋奖章获得者，其中21人有留学海外的经历，在祖国最需要的时候，在极为困难的条件下，他们勇攀高峰，艰苦奋斗，为国家发展作出巨大贡献。“两弹一星”事业也是集体奋斗成就的伟业，在惊天动地的“两弹一星”事业背后，有太多的隐姓埋名之人，他们把青春融入党和人民的事业中，把个人理想与国家民族命运紧密联系起来。

王承书就是这样一位隐姓埋名人，她的经历也深深地打动了我，我自告奋勇承担了撰写这位曾经距离诺贝尔物理学奖最近的中国女科学家的任务。王承书一生用三次“我愿意”兑现了她在日记中写下的无悔誓言：我要为国家作贡献，国家需要什么，我就干什么。王承书的爱国精神不仅体现在为国尽责上，还体现在为国担当上。有一次，国防科工委和二机部主要领导来研究院召开会议，商讨定型问题。王承书本着实事求是、对国家负责的态度，大胆地提出异议，用自己的科学精神和担当精神为国家避免了因决策失误而造成的损失。龚育之曾在《论科学精神》一文中讲到，如果用最简洁的语言来概括，用我们

国家最多的人最熟悉的语言来概括，那么应该说：科学精神最根本的一条就是实事求是。王承书的所作所为就是一面镜子，爱国有的时候就体现在每个人在自己的工作岗位上是否敢于做到实事求是。

在辉煌事业的长河里，那永远奔腾的就是你

《学习时报》科技前沿版有两个重要栏目："归国科学家"和"院士论坛"。目前仅有一位科学家在两个栏目都出现过，他就是钱学森的学生、国家最高科学技术奖获得者郑哲敏。2021年8月25日郑哲敏因病逝世，我们得知了这一消息，马上约请了中国科学院力学所非线性力学国家重点实验室主任魏宇杰和科学传播局局长周德进为"归国科学家"栏目撰写关于郑哲敏的文章。郑哲敏是留美中国科学工作者协会分会成员，该组织成立于20世纪40年代末，虽然仅仅存在了两年半的时间，但从初步收集到的会员统计名单看，除了像邓稼先这样的知名科学家，还产生了30多名学部委员（院士），他们在各自的工作岗位上做了开拓性的工作。郑哲敏积极参加了在加州理工学院成立的留美中国科学工作者协会分会的工作，主要目的是动员在美国的我国科学工作者学成回国或以自己的方式为即将成立的新中国作贡献，他的活动促成了1950年一批加州理工学院的留学生回国。1955年，郑哲敏与钱学森师生两人终于相继回国。郑哲敏回国前夕，钱学森特地跟他谈心，告诉他回国不一定能做高精尖的研究："一直在美国，也不知道国内科研水平如何，只能是国家需要什么我们就做什么。"在此后的几十年里，郑哲敏的科研人生，一直在践行着钱学森的这番话。2017年12月27日《学习时报》在"院士论坛"栏目发表了郑哲敏的《从钱学森

的技术科学思想谈起》，当时他已经93岁了，仍然为中国技术科学的发展未雨绸缪、殚精竭虑。

你把光辉融进祖国的星座，祖国不会忘记

新中国成立初期，各项事业百废待兴，归国科学家的专业知识正是建设新中国所急需的，回国后他们充分发挥自己的专业特长，投身科研实践，为新中国的农业发展、医药卫生、航天、核物理等领域献计献策，在重大项目中担负主要任务，在他们刻苦钻研和锐意创新下，新中国各项科技事业得到快速发展。这些成就的取得，一批战略科学家功不可没，习近平总书记这样定义"战略科学家"：具有深厚科学素养、长期奋战在科研第一线，视野开阔，前瞻性判断力、跨学科理解能力、大兵团作战组织领导能力强。我们的"归国科学家"栏目也将目光投向了他们：钱学森、王大珩、朱光亚、钱伟长、侯祥麟……一个个名字光耀中华。科学无国界，科学家有祖国。自19世纪下半叶以来，科学研究进入大科学时代，科学发现与科技创新日益成为在国家支持下开展的活动。中国的现代化历程充满艰辛，正是在中华民族伟大复兴事业的感召下，国家利益和人民利益的现实需要，成为一代又一代科学家投身科学事业的内在动力。正如习近平总书记2013年10月21日在欧美同学会成立100周年庆祝大会上讲到的，广大留学人员要把爱国之情、强国之志、报国之行统一起来，把自己的梦想融入人民实现中国梦的壮阔奋斗之中，把自己的名字写在中华民族伟大复兴的光辉史册之上。

任何一种伟大精神的弘扬和彰显，都需要浓厚的社会氛围与之相

辅相成。大力弘扬科学家精神，真正把科学家精神有机融入现代化建设伟大事业中去，需要在全社会厚植尊重科学、尊重创造、尊重人才的良好氛围。目前，“归国科学家”栏目已发表文章40篇，这些文章先后被人民网、学习强国、人大复印报刊资料等转载，引起了良好的社会反响，本栏目也将持之以恒，为弘扬科学家精神贡献一份力量。

张丹丹

《学习时报》科技前沿版编辑